叢書・ウニベルシタス　1097

ヨーロッパ憲法論

ユルゲン・ハーバーマス
三島憲一／速水淑子 訳

法政大学出版局

ヨーロッパ憲法論　目次

凡例

一、本書は、Jürgen Habermas, *Zur Verfassung Europas. Ein Essay*, Suhrkamp Verlag Berlin, 2011. の全訳である。

二、原文でイタリックとなっている強調箇所は傍点で強調する。書名の場合は『　』とする。

三、原文の » « は「　」とする。訳文中や原注内の〔　〕は訳者が読者の便宜を考慮して補った部分である。

四、原注は番号を（　）で囲み、本文の傍注とする。

五、訳注は番号に*を付け、巻末にまとめて掲載する。

六、既訳があるものはそれを参照しつつも、原著者の引用の文脈を考慮して訳者があらためて訳し直したり、表記をあらためたものがある。

序文

二〇〇八年以来われわれは、ドイツ連邦政府が難儀しながら学習する歩みを見てきた。ドイツはしぶしぶ、そしてほんの少しずつ、ヨーロッパへと歩み寄っている。ドイツだけ独自の道を行き、ユーロ救済策をめぐって値引き交渉を行い、意思表示を曖昧にして譲歩を引き出そうという当初の方針で二年半頑張ったのちに、ついにひとつの認識が浸透したように見える。加盟諸国が合意して持続可能な財政収支の水準を定め、各国が自発的に国民国家の予算をその水準に従わせるというオルド自由主義の夢は、失敗に終わったという認識である。ここで夢想されたのは、それさえあれば共同の政治的意思形成は必要なく、民主主義の暴走を防ぐことができるとされた「メカニズム」だった。[*1] しかしこの夢想は、各加盟国の経済文化の違いだけでなく、なによりも予測不可能な周辺環境のめまぐるしい状況変化にぶつかって、うちくだかれた。今日では誰もが、通貨同盟の「構造的欠陥」について語っている。通貨同盟にはそれが必要とする政治的なカバナンス能力が欠けているというのだ。そうこうするうちに、ヨーロッパ条約の変更が必要だとする見方が力を増してきた。しかしはっきりとした見通しは欠けている。

目下検討されている計画は、ユーロに参加する一七か国の共同統治を、政府首脳のサークルで、すなわち欧州理事会[*2]の「中核」で実現しようとするものだ。指導部となるこの組織には、法的拘束力を持つ決議を行う権限がない。そのため、この決議に加盟国政府が「不服従」を示した場合に下されるという処罰について、そのやり方がさかんに議論されている。しかしいったい誰が、誰に、どんな内容の決議に対する服従を義務づけるというのだろう。財政均衡基準を一律に課す融通の利かないやり方は、〔二〇一一年に〕「ユーロプラス協定」がひねり出されたことで、より柔軟で広範なものになった。この協定によって、欧州理事会の決議が及ぶ範囲は拡張した。経済的に格差が広がっている国家群は、グローバル市場における競争力を左右するような政策のすべてについて、欧州理事会の決議に従うことが求められる。つまり、ヨーロッパレベルでの合意が——金融政策、経済政策、社会政策、教育政策、労働市場政策といった——国民国家における議会の中核領域にまで介入することになるのである。政府首脳は、ブリュッセルにおいて他国の首脳たちと合意した目的すべてを国内で政策として遂行するために、そのつど自国の議会において、EUによる処罰という脅しをちらつかせながら、過半数をまとめる。ここで想定されているのは、あきらかにそのような手続きである。こうしたやり方は、一七か国からなる欧州理事会が全権を奪取して行う統治連邦主義（Exekutivföderalismus）といえる。そしてこのやり方が実現するならば、それは、まるでポスト民主主義的な支配行使の模範となることだろう。

政府間の決議を通じて民主主義を空洞化するこの動きは、当然のごとく抵抗を引き起こしている。抵抗は二つの陣営から生じている。ひとつは国民国家を擁護する勢力からの抵抗である。彼らは自分たちの最悪の危惧が現実のものとなったのを目にし、とっくに骨抜きにされてはいるが建前としては残っている国家主権の概念に、ますます意地になってしがみついている。経済界はこれまで、共同市場と共通通貨への政治による介入を、可能な限り排除したいと考えてきた。そのため経済界のロビイストは、同じようにEUによる介入に反対する者として、国家主権の擁護者の援軍であった。しかし目下の危機ではこうした援護関係は消滅している。別の方面では、長い間沈黙してきた「ヨーロッパ合衆国」の支持者が、ふたたび名乗りを挙げている。まずは中核ヨーロッパにおいて統合を促進しようという立場は、この勢力が自ら主張するものでもある。しかし彼らは「ヨーロッパ合衆国」という極端なイメージを掲げることで、この目論見をかえって危うくしている。というのもこれでは、官僚的な統治連邦主義への堕落に反対するというしごくもっともな立場から、国民国家とヨーロッパ連邦の間での二者択一という出口のない袋小路へと追い込まれてしまうからである。とはいえこの二者択一の誤りをぼんやりと否定するだけで、中途半端な連邦主義でお茶を濁そうとするのは、もっと問題である。

ヨーロッパ「憲法」——つまりヨーロッパの現状と政治体制——をめぐるこの試論では、以下のことを示したい。ひとつは、リスボン条約で定められたヨーロッパ連合の姿は、その批判者が考えるほど、トランスナショナルな民主主義からかけ離れたものではないということである。ただし、通貨同盟の欠陥を修正するためには、条約の変更が不可欠である。

これがもうひとつの主張であり、本書ではその理由を説明する。現在の計画では、経済通貨同盟に加盟する各国が、主要な政策領域において協調することが想定されている。そのためには、協調に正当性を与えるもっとしっかりとした基盤が必要である。ただしこうしたトランスナショナルな民主主義のモデルとして、連邦国家という政治体制を持ち出すのは適当ではない。本書ではヨーロッパ連合を、平等な権利を有する二つの憲法制定主体によって理に適う形で設立されたものとして考えてみたい。つまり、ヨーロッパ連合の正当性の源泉を、ヨーロッパ市民（！）とヨーロッパ諸国家の国民（！）のどちらにも求めることにする。このように考えることで、超国家的であると同時に民主的でもある共同体の骨組みが見えてくる。過去半世紀のヨーロッパにおけるこのような前例のない法の発展から、われわれが正しい帰結を引き出せるかどうかが問題なのである。

政治家たちは条約改正のハードルの高さを前にまだ尻込みしている。この躊躇は、権力の座を失いたくないがゆえの日和見主義や、指導力の欠如という理由だけではおそらく説明できない。経済状況が生み出した不安を通じて、国民のあいだでヨーロッパの諸問題がかつてないほど強く意識され、生存にかかわる深刻な問題として捉えられるようになっている。この稀有な関心の盛り上がりを、政治家たちはチャンスととらえるべきであり、また目下の状況がいかに異常なものであるかをそこから認識しなければならない。しかし政治家たちもまた、とっくに、組織のなかで与えられた機能を果たすだけの機能エリート（Funktionselite）になってしまっているのだ。彼らは流動化した状況に適応できないでいる。これまでのように世論調査に反応して行政機構を通じて介入するというやり方では、流動化した状況に対応できない。新しいメンタリティーをつくり上げるような別の政治の形が求められているのだ。

ここでは私なりのやり方で、民主主義のトランスナショナル化を阻んでいる思い込みを取り除きたい。この試みに際し、国家権力（staatliche Gewalt）の民主的な法制化と文明化という長期的なコンテクストのなかに、ヨーロッパ統合を位置づけることにする。こうした観点に立つと、次のような流れが見えてくる。第二次世界大戦後に国連を創設する原動力となっただけでなく、ヨーロッパの統合をも後押ししたのは、戦争状態にある諸国家に平和をもたらすという目標であった。これが前提となって、国民国家を超えた政治的な行為能力を構築するというさらなる目標が生じた。ヨーロッパ連合の発展初期とは異なり、国際法の憲法化が目指すものは、もはやとっくに、当時の目的であったヨーロッパ諸国間の関係の平和化にかぎられないものとなっている。新自由主義の幻想が打ち砕かれたのち、誰の目にもあきらかになったのは、金融市場によって、さらにいえば国民国家の境界を越える世界社会の機能システム全般によって作り出されている問題的状況である。個々の国家――あるいは国家連合――では、もはやこれに取り組むことができない。しかし、取り組む必要はあり、そこからいわば単数形の政治を求める挑戦が生じる。諸国家からなる国際的な共同体を、諸国家と世界市民からなる世界市民的な共同体へと発展させなければならないのである。

ヨーロッパ憲法に関する論考の前に収録した論文（初出は専門誌）では、人権という制度的概念と、人間の尊厳という系譜学的概念の関係が探求されている。人間の尊厳が傷つけられたという経験が、怒りによる闘争のダイナミズムを呼び起こし、いまはまだ現実のものにはなっていない世界規模での人権の制度化という希望に絶えず推進力を与えているのだ。「系譜学的」と形容したのはこのプロセスを指してのことである。人権の言説と人権政策は、ここ数十年のあいだ、実際にグローバルな効力を発揮している。このことを考えれば、政治的に制度化された世界社会という展望も、非現実的なユートピアとは思えなくなる。すでにフランス革命の時代にそうであったように、市民権と人権のあいだには危険をはらんだ懸隔がある。そしてこの懸隔が暗黙のうちに知らせるのは、何びとにも等しい権利をグローバルに実現せよという要求である。高度に階層化された世界社会における不平等な状況に対して、道徳的な批判を行うことだけが人権の役割であってはならない。世界市民の権利の要求はこのことを意味している。人権は政治的に制度化された世界社会において、制度として実現されるべきなのだ。

補遺に収録したのは三つの時事的発言であるが、それはみな、統一後のドイツの自己中心的な認識にあらわれているような、自民族中心的なヨーロッパ・イメージについてコメントしたものである。

シュタルンベルクにて、二〇一一年九月はじめ

ユルゲン・ハーバーマス

人間の尊厳というコンセプトおよび人権という現実的なユートピア

一九四八年一二月一〇日に国連が採択した「世界人権宣言」の第一条は次の文章で始まる。「すべての人間は、生まれながらにして自由であり、かつ、尊厳と権利とについて平等である」[1]。序文も、人間の尊厳と人権を並べて挙げながら、「基本的人権、人間の人格の尊厳と価値への信念」を強調している。[2] 六〇年前〔一九四九年〕に公布されたドイツ連邦共和国の基本法は基本権に関する章からはじまっており、しかもその章もまた第一条の「人間の尊厳は侵すことができない」という文章ではじまっている。一九四六年から一九四九年に発効したドイツの五州における憲法のうち三州のそれにも、すでに似たような表現が先行して記されている。また今日の人権をめぐる国際的な論議や司法判断においても、人間の尊厳は重要な役割を果たしている。[3]

二〇〇六年、連邦議会を通過した「航空安全法」を連邦憲法裁判所が違憲であるとして斥けたが、そのとき人間の尊厳の不可侵性がドイツの公共圏で議論になった。当時の議会は、「九月一一日」のシナリオを念頭に置いていた。つまり、ワールド・トレード・センターのツインタワーに対するテロ攻撃である。このような状況が生じて民間航空機が爆弾と化したときには、地上にいる不特定多数の人間が危険に曝される事態を避けるために、

(1) 宣言の序文も最初の文章で、「生来の尊厳(inherent dignity)」と「人類という家族のすべての成員の平等で譲り渡すことのできない権利」の承認を同時に要求している。

(2) 「国際連合の諸国民は、国際連合憲章において、基本的人権、人間の尊厳及び価値〔…〕についての信念を再確認し〔…〕」。

(3) Erhard Denninger, »Der Menschenwürdesatz im Grundgesetz und seine Entwicklung in der Verfassungsrechtsprechung«, in: Franz-Joseph Peine/Heinrich A. Wolff (Hg.), *Nachdenken über Eigentum*, Festschrift für Alexander von Brünneck, Baden-Baden: Nomos 2011, S. 397-411.

この航空機を撃墜する権利を、議会は軍隊に与えようとしたのだ。しかし憲法裁判所の見解によれば、国家機関による乗客の殺害は違憲である。テロ攻撃の潜在的な犠牲者の生命を守るべき国家の義務は、(4)（基本法第二条第二項による）乗客の人間の尊厳を守る義務に譲らねばならない。「飛行機の乗客たちの生命に関して国家の都合で一面的に決定することによって、［…］人間が人間であるがゆえに備わる価値を乗客から奪うものである」(5)。判決のこの言葉には、カントの定言命法の反響が誰の耳にも明らかに聞き取れる。どんな人格にあってもその尊厳を尊重するならば、国家は、なんらかの個人を他の目的のための単なる手段として思いどおりにすることを、たとえそれが多くの他の人々の生命を救うためであっても、禁じられることになる。

人間の尊厳という哲学的な概念はすでに古典古代にも現れているが、今日通用しているバージョンはカントによっている。興味深いのは、この概念が第二次世界大戦後になってようやく、国際法および、それ以後に発効した多くの国家の憲法に取り入れられたことである。国際的な司法判断においてこの概念が中心的な役割を演じるようになったのも、比較的最近のことである。逆に、法的概念としての人間の尊厳という構想は、一八世紀のいくつかの古典的な人権宣言にも、また一九世紀の成文法にも現れて来ない。[6] 法において「人権」の方が「人間の尊厳」よりはるかに早く出て来たのは、どうしてであろうか？もちろんのこと、国連の創設文書で人権と人間の尊厳との連関がはっきり定められているのは、ナチ政権の下でなされた大量犯罪および第二次世界大戦中の大虐殺に対する返答であろう。ドイツ、イタリア、および日本、つまりは二〇世紀の道徳的破局の実行者とその同盟諸国の戦後の憲法でも人間の尊厳が際立った位置を占めているのは、こうした理由からであろうか？[*1] 人権の理念は、ホロコーストという歴史的コンテクストにおいてはじめて、人間の尊厳という概念によっていわば事後的に道徳的な内容を充填されたのだろうか――考えようによっては、過剰な負担を背負うことになったのだろうか？

（4）「なんぴとも生命と身体の不可侵性の権利を持っている」。

（5） BVerG, 1 BvR 357/05 vom 15. Februar 2006, Abs. 124. この判決については以下を参照。 Jochen von Bernstorff, »Pflichtenkollisionen und Menschenwürdegarantie. Zum Vorrang staatlicher Achtungspflichten im Normbereich von Art. 1 GG«, in: *Der Staat* 47/2008, S. 21-40.

（6） Vgl. Christopher McCrudden, »Human dignity and judicial interpretation of human rights«, in: *The European Journal of International Law* 19/2008, S. 655-724.

憲法および国際法に関する議論で人間の尊厳の概念がこのように人権よりも遅れて表に出て来たのを見ると、今述べたような考えが正しいような気がしてくるかもしれない。しかし、ひとつだけ例外がある。一九世紀半ばのことである。一八四九年三月のパウル教会での憲法[*2]第一三九条における、死刑と体罰の撤廃をめぐる議論には「自由な国民は犯罪人に対しても人間の尊厳を尊重しなければならない」とある。(7) ドイツにおける最初の市民革命から生じたこの憲法はしかし、発効することはなかった。いずれにしても、一七世紀にまで遡る人権の歴史と、国内法および国際法の成文化にあたって、またこの半世紀の司法判断において、人間の尊厳の概念が比較的最近になって登場したこととのあいだには時間的な不均衡がある。これは注目すべき事実である。

人権の概念は人間の尊厳という概念によってあとになってはじめて道徳的な内容を充塡されたという推定とは逆に、私は、二つのコンセプトの間には、はじめのうちは明確な表現ではなかったとしても、もともと概念的な連関があった、と主張したい。人権はつねに、まずは横暴、弾圧、屈辱への抵抗から生じてきた。今日、こうしたおごそかな条文のどれか——たとえば「何人も、拷問又は残虐な、非人道的な若しくは屈辱的な取扱若しくは刑罰を受けることはない」(世界人権宣言第五条)[8]といった文章――を口にする者は、いやおうなしに、そこにこだましている拷問され、なぶり殺された数知れない人間の生命が発する悲痛な叫びの残響を聴き取ることになる。人権への訴えは、侮辱された者たちが自らの人間的尊厳を傷つけられたことに対して覚える憤りから、活力を得ているのである。そもそものはじまりからそうであったとすれば、この概念的連関は、法の発展のなかにも見ることができるはずである。そこでさしあたり答えるべき問いは次のようなものとなる。「人間の尊厳」は規範的内容を有する根本概念であり、人間の尊厳が侵害されたといえる場合の要件を詳しく定めることで、そこから人権を導き出すことができるのだろうか?それとも人間の尊厳の概念は、個別に拾い集められたまとまりのない複数の人権のカタログを、格別の意味なく表しているにすぎないのだろうか?

(7) Denninger, »Der Menschenwürdesatz im Grundgesetz«, a. a. O., S. 397.
(8) »No one shall be subjected to torture or to cruel, inhuman or degrading treatment or punishment.«

（1）「人間の尊厳」は、分類のために事後的に付け足された表現、多様な現象がそのなかに詰め込まれているいわば張りぼてのようなものではない。そうではなく、あらゆる基本権がそこから活力を得る道徳的「源泉」[9]である。この主張を支えるいくつかの法理論的根拠を挙げてゆこう。（2）続いて体系的および概念史的観点に立ち、尊厳の概念が果たした触媒的役割を探り、この概念が理性道徳と法形式を結びつけて人権を構築したことをあきらかにしたい。（3）最後に、人権が人間の尊厳という道徳的源泉に由来するとすれば、それによって具体的ユートピアが有する政治的な起爆力が説明できる。私はこの具体的ユートピアを、一方で人権の十把一絡げの却下（カール・シュミット）に対して、他方でまた、そのラディカルな内容を和らげようとする最近現れた試みに対しても擁護したい。

（1）基本権はその抽象的な普遍性ゆえに、個別の事例において具体化を必要とする。その過程で、立法者及び裁判官はそれぞれ異なった文化的コンテクストのゆえに、しばしば異なった結論にいたる。そうしたことが今日よく表れているのが、たとえば安楽死、妊娠中絶、優生学的遺伝子操作といった倫理的に広く論争されている事態の規制においてである。普遍的な権利概念が解釈を必要とするのはこのように自明のことだが、まさに解釈を必要とするがゆえに、それが交渉による妥協に向いているということも、同様にあきらかである。たとえば国連の設立に際して、ひいては人権規約および国際法上の規約についての討議一般に際して、人間の尊厳という構想を持ち出すことで、異なる文化的出自を有する諸党派の間での重なり合う合意が、疑いなく容易になった。「人間の尊厳が中心的意義を有するという立場についてはみなが賛同しえた。もっともなぜ、そしてどのような形で、ということについては意見が違ったが」[10]。

しかしだからといって人間の尊厳の法的意義は、より深刻な差異をとりあえず背後に隠す煙幕の役割に尽きてしまうわけではない。「人間の尊厳」は、人権の分化と拡大の流れの折々に、架橋しえない差異を中立化し妥協をもたらす役割を果たしてきた。このことはたしかである。しかしこれだけでは、人間の尊厳という概念が法的概念としては遅れて登

（9）　たとえば一九九二年のザクセン州憲法第一四条第二項には、「人間の尊厳の不可侵性はあらゆる基本権の源泉である」とある。

（10）　McCrudden, a. a. O., S. 678.

場してきた事態の説明にはならない。この事態を私は次のように説明したい。人権には最初から、あらゆる人が等しく有する人間の尊厳という規範的内容が、目に見えない形で書き込まれており、歴史的状況が変化するとともに、それがテーマ化され自覚されるようになったのだと。いってみれば、人権は人間の尊厳の規範的内容を詳しく説明するものなのだ。こうして裁判官はたとえば、新たな情報盗み取り技術が引き起こしうる予期し得ないリスクを考慮し、個人情報に関する自己決定権を導入するような場合に、人間の尊厳の保護を根拠とするのである。ドイツ連邦憲法裁判所は、二〇一〇年二月九日の社会法典第二編第二〇条第二項（第二種失業手当[*3]）の給付額算定に関する先駆的判決において同様の態度をとった。[(11)]憲法裁判所はこの件において、基本法第一条から、受給者（とその子供）に適切な「社会的、文化的、政治的参加[(12)]」を可能にする最低生活水準に対する権利を「導き出し」た。

人間の尊厳が傷つけられているという経験には、発見的な機能がある。――たとえばあまりにひどい生活水準、困窮した社会階級の周辺化、職場における女性と男性の不平等な処遇、外国人ないし文化的・言語的・宗教的・人種的な少数者に対する差別、また、伝統的な性的名誉規範という暴力からの解放をめざす移民家庭の若い女性が抱える苦痛、[*4] あるいは不法移民と難民申請者の乱暴きわまりない強制送還、こうしたことについて考えてみればよい。歴史のなかで生じるさまざまな挑発的課題を通じて、人間の尊厳の持つそのつど別の意味の側面に光があたり、それが現実化された。さまざまな契機にもとづいて個別に明確化された人間の尊厳の諸特徴は、すでに確立された基本権の規範的内容の規範的内実をさらに一層汲み尽くすことにもなりうるとともに、新しい基本権の発見と構築を促すこともありうる。(13) その際、背後に潜んでいた直観がまず当事者の意識のなかに、そして次いで法のテクストのなかに浸透し、そこでさまざまな概念に分節化されることになる。

社会権を導入した一九一九年のワイマール憲法は、この漸進的発展の一例である。第一五一条では、「すべての人に、人たるに値する(menschenwürdig)生存を保障すること」[*5]

(11) BVerfG, 1 BvL 1/09 vom 9. Februar 2010.

(12) Ebd., Abs. 135.

(13) マックルーデンは類似の事例において「新たな権利の創造と既存の権利の拡張を正当化する必要性」という言い回しを用いている(a. a. O., S. 721)。

が言われている。ここでは人間の尊厳の概念は、いまだ「人間にふさわしい（menschen-würdig）」という日常語的な形容表現のなかに隠れている。しかし、国際労働機関（ILO）は、すでに類似の文脈において、人間の尊厳という言い回しをそのままの形で用いている。[14] そしてその数年後には、世界人権宣言がその第二二条においてすでに「自己の尊厳並びに自己の人格の自由な発展に不可欠の」条件のもとですべての人が暮らすことができるような、経済的、社会的及び文化的権利の保障を求めている。[15] それ以来われわれは人権のさまざまな「世代」という言い方をしてきた。人間の尊厳の発見的機能は、よく知られた権利の四つの範疇〔自由権、参政権、社会権、文化権〕の論理的関連性の説明にもなる。すなわち、基本権が各人の人間の尊厳を尊重するという道徳的な約束を政治的に果たしうるのは、それがそのすべての範疇においてかたよらずに共に効力を発揮するときのみなのである。[16]

リベラルな自由権は、身体の不可侵性と移動・居住・職業選択の自由、市場における取引の自由と宗教的実践を妨げられないことをその核とし、私的領域への国家の干渉に対する防壁として働く。このリベラルな自由権は、民主的な参政権とともに、いわゆる古典的な基本権のパッケージを構成している。しかし実際には、市民がこの権利を機会均等に使用できるのは、彼らが私的および経済的生活基盤において十分に自立し、各自が自ら選んだ文化的環境のなかで人格的なアイデンティティを形成し安定させ得ることが、同時に保障されている場合のみである。排除、貧窮、差別の経験が教えるのは、社会的および文化的権利が付け加えられないかぎり、古典的な基本権があらゆる市民にとって「平等な価値」（ロールズ）を持つことはない、ということである。システムによって作りだされたコストとリスクが一人一人の運命にのしかかる範囲を狭め限定するためには、余裕ある生

（14）一九四四年五月にフィラデルフィアで採択された国際労働機関の目的についての宣言の第二二条第二項aには、「すべての人間は、人種、信条又は性にかかわりなく、自由及び尊厳並びに経済的保障及び機会均等の条件において、物質的豊かさ及び精神的発展を追求する権利をもつ」とある。

（15）「すべて人は、社会の一員として、社会保障を受ける権利を有し、かつ、国家的努力及び国際的協力により、また、各国の組織及び資源に応じて、自己の尊厳と自己の人格の自由な発展とに欠くことのできない経済的、社会的及び文化的権利を実現する権利を有する」。

（16）Georg Lohmann, »Die Menschenrechte: Unteilbar und gleichgewichtig? – Eine Skizze«, in: Georg Lohmann, Stefan Gosepath, Arnd Pollmann, Claudia Mahler, Norman Weiß, *Die Menschenrechte: Unteilbar und gleichgewichtig?*, Studien zu Grund-und Menschenrechten 11, Potsdam: Universitätsverlag Potsdam 2005, S. 5-20.

活と文化への相応の参加を要求する権利が必要となる。この権利は、社会的格差が大きく広がることに対して立ち向かい、文化と社会の循環全体からかなりの集団が排除されてしまうことに抗するものである。ここ数十年、アメリカ合衆国と英国においてのみならずヨーロッパ大陸においても、それどころか世界中で幅を利かせている政治は、なによりも経済的自由を保障することで、自己決定に基づく市民生活を可能とし得るかのように称している。このような政治は、基本権の異なる範疇間の均衡を破壊してしまう。こうして、普遍的かつなんびとにおいても同一である人間の尊厳という概念が、基本権の分割不可能性という考えに繋がっていくことになる。

　こうした発展は、人間の尊厳というこの概念が司法の場において重要性を獲得するようになったことの説明にもなる。基本権が法システム全体により深く浸透するほど、それはより頻繁に、個々の市民と国家の垂直的関係を超えて、個々の市民の間の水平的関係に介入するようになる。それにともなって、競合しあう基本権の要求の間で比較衡量が求められるような衝突が頻発することになる。(17) このような法解釈が分かれるハードケースでは、絶対的に効力を有する、すなわち優先されなければならない人間の尊厳の侵害に関連づけることによって、根拠ある判決がはじめて可能になる。人間の尊厳というこの概念はそれゆえ、司法の言説において、諸々の人権を統合する概念の不在を補うために仮に用いられる、意味の曖昧なお題目の役割をうけもっているわけでは決してない。「人間の尊厳」は地震計である。この地震計は、民主的な法秩序にとってなにが根本的であるのかを――すなわち、政治的共同体の市民が、たがいに自由で平等な人々からなる自発的結社の成員として尊重し合うためにおたがいに認めるべき権利がなんであるのかを示すのである。この人権の保障によってはじめて、平等な権利の主体として自らの人間的尊厳にふさわしく尊重されることを要求し得る市民という法的地位が生じる。

われわれは二〇〇〇年の近代憲法史によって、この発展のそもそものはじまりからの特徴がなんであったかをよりよく知るようになった。人間の尊厳はいわば扉であり、その扉から、平等主義的かつ普遍主義的な道徳内容が、法のなかへと持ち込まれた。人間の尊厳と

(17) いわゆる「基本権の第三者効力〔憲法の規定を私人間に直接適用すること〕」をめぐって、ここ半世紀ヨーロッパで行われてきた議論は、最近ではアメリカ合衆国においても共鳴を得ている。Vgl. Stephen Gardbaum, »The ›horizontal effect‹ of constitutional rights«, in: *Michigan Law Review* 102/2003, S. 388-459.

いう理念は、各人に対する平等な尊重を求める道徳と実定法および民主的な立法とを繋ぎ合わせる蝶番的概念である。その繋ぎ合わせの結果、適切な歴史的条件の下で両者が協働することで、人権を土台とした政治秩序が生じ得たのである。古典的な人権宣言は、「生得の」(angeboren) ないし「不可譲の」(unveräußerlich) 権利、「生得的」(inherent) 権利ないし「自然権」(natural rights)、「不可譲かつ神聖な自然権」(droits naturels, inaliénables et sacrés) といった表現によって、その起源が宗教的形而上的教義にあることを告げている(「われわれは、すべての人が〔…〕一定の譲り渡すことのできない権利を賦与されて〔…〕いることを、自明の真理であると信ずる」〔アメリカ合衆国憲法〕)。しかし世界観に関して中立的な国家においては、このような形容詞はなによりもとりあえずのお題目の役割を担っているにすぎない。これらの形容詞を見ると、この権利に含まれる道徳内容は部分的にしか実現されず、つねに意味の剰余を残すもので、そしてその道徳内容を普遍的に合意可能な形で基礎づける思想は、国家によって作り出されたり管理されたりするものではないということが、あらためて思い起こされる。人権を基礎づけているのは純粋に道徳的なものなのだが、それにもかかわらず、人権が民主的に「宣言」され、政治共同体の枠組において個別に明確化され履行されねばならないことは、アメリカ合衆国憲法の制定者たちにとってもあきらかだったのだ。

道徳的な約束が法的形式を通じて実現されねばならないので、人権は道徳と法のどちらにも同時に顔を向ける双面神《ヤヌス》の相貌を示すことになる。[18] 人権は、内容としてはもっぱら道徳的なものであるにもかかわらず、実定的で可罰的な、主観的権利としての法の形式を有し、それが個々人に自由裁量の余地と自由を要求する権利を保障するのである。人権は民主的な立法過程において具体化され、事例ごとに司法を通じて個別に明確化され、国家の罰則によって貫徹されるよう設計されている。ようするに人権とは、啓蒙を経た道徳のなかで、強制法というメディアに翻訳可能な部分、実効性のある基本権として政治的現実となりうる部分をパラフレーズしたもののことである。[19]

（18） Georg Lohmann, »Menschenrechte zwischen Moral und Recht«, in: Stefan Gosepath/ Georg Lohmann (Hg.), *Philosophie der Menschenrechte*, Frankfurt am Main: Suhrkamp 1998, S. 62-95.

（19） 権利の体系に関する私の従来の概論を、この考察ゆえに見直す必要はないだろう（Jürgen Habermas, *Faktizität und Geltung*, Frankfurt am Main: Suhrkamp 1992, Kap. III〔『事実性と妥当性——法と民主的法治国家の

（2）このように、当時としてはまったく新しいものであった法＝権利という範疇において、初期近代に事実と規範の自然法的な共生が解体する過程でそれぞれ独立し、当初は対立しあう方向に分化してきた二つの要素が、再びめぐりあう。一方は、内面化され、主観的な良心に根差し、理性的に基礎づけられた道徳、カントにおいて叡知的領域へと完全に撤退した道徳であり、そして他方は、強制力を持ち実定的に法文化された法、絶対主義的支配者ないし旧体制の議会としての身分制議会が、近代国家機構と資本主義的商品流通の仕組を構築するために利用してきた法である。人権の概念は、この二つの要素の信じられないようなジンテーゼの結果として生じたものである。そしてこの結びつきは、「人間の尊厳」という概念的な蝶番を要として生じたのだ。教養言語[*6]として使われるようになった人間の尊厳という概念それ自体が、この結びつきの過程において変容してきた。その際あきらかに重要な役割を果たしたのは、ヨーロッパ中世の身分制社会において、そして初期近代の職能身分的な社会において、そのつど特定の身分と結びつけられてきた、品格や職業にふさわしい風格を意味する社会的尊厳という日常語的な観念である。[20] 以下で展開される仮説は、むろん、概念史ならびにヨーロッパ革命史の観点からのより詳細な裏づけを必要討議理論にかんする研究（上）』河上倫逸／耳野健二訳、未來社、二〇〇二年、第三章〕; vgl. auch, »Der demokratische Rechtsstaat – eine paradoxe Verbindung widersprüchlicher Prinzipien?«, in: Jürgen Habermas, *Philosophische Texte*, Bd. 4, *Politische Theorie*, Frankfurt am Main: Suhrkamp 2009 [2001], S. 154-175〔M・フーブレヒト訳「民主的法治国家――矛盾し合う原理のパラドックスな結合?」『京都産業大学世界問題研究所紀要21』、二〇〇五年、一四一―一五三頁〕。道徳的に行為する人物が、何の問題もなく、生まれたときから道徳的諸義務および諸権利の網にくるまれた主体として自分を見ているのに対して、人権はとりわけ制度化を前提としている点において、すなわち構築されねばならず、そのために民主的な意志形成を必要とするという点において、道徳的権利から区別される。vgl. Jefferey Flynn, »Habermas on human rights: Law, morality, and intercultural dialogue«, in: *Social Theory and Praxis* 29/2003, S. 431-457. 当時私はたしかに、二つの点を考慮していなかった。第一に、尊厳が傷つけられるような経験の累積が、一八世紀末における歴史的に先例のない憲法制定行為の道徳的な動機づけの源泉を形成したことである。第二に、〔市民という〕身分を作り出すような他者の尊厳への社会的承認が、各人に対する平等な尊敬という道徳的な内容と、人権がとる法という形式を、概念的に架橋する役割を果たしたことである。これらの事情に考察の力点をずらすことで、基本権の基礎付けに際して討議原理D〔コミュニケーション行為において、「すべての関係しうる者が、合理的討議への参加者として合意できるであろう行為規範こそが、妥当性を持つ」という原理〕のデフレーション的な解釈に影響を及ぼすことになるのかについて、この箇所では問わないでおく。この点についてはカール・オットー・アーペルの異議についての私の論考を参照されたい。»Zur Architektonik der Diskursdifferenzierung. Kleine Replik auf eine große Auseinandersetzung«, in: Jürgen Habermas, *Zwischen Naturalismus und Religion*, Frankfurt am Main: Suhrkamp 2005, S. 84-105〔「討議の差異化の建築術――大きな論争への小さな返答」、『自然主義と哲学の間――哲学論集』庄司信／日暮雅夫／池田成一／福山隆夫訳、法政大学出版局、二〇一四年、九三―一一六頁〕。

とする。

人権の系譜学を振り返るにあたり、私は二つの側面を強調したい。（a）ひとつは道徳的義務から法的権利へという枠組の転換において「人間の尊厳」が媒介的役割を果たしたことであり、（b）もうひとつは、もともと各人の尊厳の平等な承認という意味ではなく、身分の区別のために用いられていた尊厳という概念が普遍化されることになったという、パラドキシカルな側面である。

（a）理性道徳と理性法という近代の教説は、個人の自律という基本概念と、各人の平等な尊重という原則を柱としている。理性道徳と理性法がこのように共通の基盤を持つがゆえに、両者の間の決定的な相違がしばしば見逃されてしまう。道徳が課す義務は、あらゆる行為の領域に隙間なく浸透する。それに対して近代法は、私的選択と個人の生き方について自由裁量の余地を設ける。この点において両者は決定的に異なっているのである。明示的に禁じられていないことはすべて法的に許されているという革命的な前提のもとでは、義務ではなく個人の権利〔主観的権利〕が、法体系構築の出発点となる。ホッブズにとって、そして近代法にとって、基準的原理となったのは、法の枠組の内部で各自が好きなように振る舞う権能があらゆる人格に平等に与えられているということであった。道徳的規則に従う場合と、自身の権利を行使する場合では、行為者たちはそれぞれ異なるパースペクティヴをとる。道徳的関係において行為者たちは、自分が他者にどのような義務を負っているかを思慮する。その際、自分がその他者とどのような社会的関係を有しているか——どれほど親しいのか、彼がどう振舞っているか、どう振舞うと予想されるか——はまったく関係がない。それに対して、たがいに法的関係にある人びとは、そのつどの他者が自分に向けて行う権利要求に対応する。法的共同体において、第一人称の存在にとっての義務は、第二人称の存在が第一人称の存在に対して行使しうる権利請求の結果として、

(20) 身分と結びついた尊厳の普遍化から人間の尊厳という法の構想が成立したという主張については以下を参照。Jeremy Waldron, »Dignity and rank«, in: *European Journal of Sociology* 48/2007, S. 201-237.

(21) この点についてゲオルク・ローマンは以下のように述べている。「道徳法が基礎づけられていると見なしうるのは、それと呼応するような道徳的に根拠づけられた義務が存在する場合である。[…] そして道徳的義務が基礎づけられ法的権利と見なしうるのは、それが完全に正当性を有した実定的な法秩序の構成要素である場合である」(»Menschenrechte zwischen Moral und Recht«, a. a. O., S. 66)。

はじめて生じる。[21]

拷問という違法な脅しによって容疑者を自白に追い込もうとする警察官のことを思い描いてみよう。道徳的人格という役割においては、彼はすでに脅しの段階で、苦痛を与えるときはなおさら、良心の呵責を感じることになる。それは容疑者がどのように振舞おうと関係がない。一方で、違法に行為する警察官と尋問される者の間の法的関係は、後者が抵抗し自身の権利を求めて告訴して（あるいは検察官が権利侵害に対応して）はじめて現実のものとなる。むろんどちらの場合においても、脅迫された人物こそが、拷問によって侵害される規範的権利の源泉である。しかしながら、行為者が良心の咎めを感じるには、事実経過によって道徳が侵害されれば十分であるのに対して、法律関係が客観的に侵害されていると言うためには、請求権が行使され、法律関係が現実化されねばならず、それまでその関係は潜在的なものにとどまっている。

クラウス・ギュンターはそれゆえ、「相互に課される道徳的義務から、相互に設定され認められた諸権利への移行」のなかに、「自己決定のために行う自己への権能付与」を見る。[22] 理性道徳から理性法への移行が必要とするのは、パースペクティヴの転換である。理性道徳ではそのつどの他者の自律性を尊重し、評価し合うという点で自己と他者のパースペクティヴが対等に交わっていた。だが、理性法への移行にともない、そのつどの自分の自律性を他者の側が承認し、評価するように要求することになる。傷つきやすい他者へのいたわりという道徳的な義務に代わってあらわれるのは、「自らの判断に従って生き、感じ、行為する」自己決定的な主体として、自らを法的に承認するよう求める、自覚的な権利主張である。[23] 国家公民が求める承認は、責任感をもって行為する主体が相互に与える道徳的な承認以上のものである。それは功績にもとづく地位に対して要求される敬意という きわめて具体的な意味を有しており、その点で、かつてならば世間で認められた職能団体[*7]に所属しているがゆえに生じた「尊厳」という意味合いを帯び続けているのだ。

(22) ゲオルク・ローマンはこの移行を、伝統モデルから啓蒙モデルへの移行であると誤解しているように思われる(ebd., S. 87)。

(23) Klaus Günther, »Menschenrechte zwischen Staaten und Dritten. Vom vertikalen zum horizontalen Verständnis der Menschenrechte«, in: Nicole Deitelhoff/Jens Steffek (Hg.), *Was bleibt vom Staat? Demokratie, Recht und Verfassung im globalen Zeitalter*, Frankfurt am Main: Campus 2009, S. 259-280, S. 275f.

（b）尊厳ないし「社会的名誉」という具体的な概念は、ヒエラルキー的に秩序づけられた伝統的社会のものである。そこでは、人びとは尊厳と自尊心《セルフリスペクト》を、たとえば貴族の名誉に関する不文律に依拠して、あるいはギルドの身分にふさわしいエートスに応じて、あるいは大学という共同体への帰属意識から得ていた。それぞれの地位と結びついているため複数形で存在したこうした尊厳が、個別の人間ならだれでもが持つ普遍的な尊厳へと凝縮されるとき、この新しい抽象的な尊厳は、身分的なエートスがそれぞれ有していた特定の価値内容を振り捨てることになる。しかし同時に、あらゆる人格が平等に有するとされる普遍化された尊厳にも、社会的な承認に起因する自尊心という意味の名残が含まれている。こうした社会的承認に起因する尊厳のひとつであるがゆえに、人間の尊厳もまた、市民としての地位に根差す、すなわち時間的かつ空間的に組織されたある共同体に属することを必要とする。ただしいまやその地位はなんびとにとっても等しいものでなければならない。人間の尊厳という概念はこうして、なんびとにもおなじ敬意が払われるべきであるとする道徳内容を、国家公民（Staatsbürger）という法的地位へと転用することになる。つまり、国家公民は、法的手続きによって獲ちとることの可能な権利の主体としてすべての他の市民から承認されることによって、自分に対する敬意《セルフリスペクト》を得るのである。

その際、それなりに重要なことは、この地位が自然に生まれることは決してなく、ただ立憲国家の枠組においてのみ確立され得るということである。それどころかこうした国家公民としての地位は、市民たち自身が、実定法という手段によって作り出し、歴史的に変化する状況のなかで守り、発展させなければならないのである。近代的な法的概念としての人間の尊厳は、市民が自ら作り上げた政治秩序において獲得する地位と結びついている。人権に基づく政治秩序の設立と維持を共同で成し遂げ、法の受け手として、自らの人間の尊厳が保護される権利を得るのだ。[24] 国家公民としての地位によって与えられる尊厳は、政治秩序を設立し維持するというこの民主的な実績と、それに相応した公益重視という共和

(24) それゆえ人権は民主主義と対立するのではなく、等根源的である。両者はたがいに前提となりあっている関係にある。人権は民主的なプロセスを可能にし、民主的プロセスなしには人権の実定化も――基本権に基づいて定められた立憲国家の枠組みのなかで――具体化もされ得ない。討議理論の観点からの基礎付けについては以下を参照。Klaus Günther, »Liberale und diskurstheoretische Deutungen der Menschenrechte«, in: Winfried Brugger, Ulfried Neumann und Stephan Kirste (Hg.), *Rechtsphilosophie im 21. Jahrhundert*, Frankfurt am Main: Suhrkamp 2008, S. 338-359.

主義的な態度を評価することに依拠している。ここには、古代ローマにおいて尊厳（*dignitas*）という言葉と結びつけられていた意味――共和国（*res publica.* 公共の事柄）のために尽くした政治家と役人の栄誉という意味の名残が見られる。少数の抜きんでた「尊厳の担い手〔お偉方〕」および名士たちをこのように特別扱いする（Distinktion）のは、立憲国家がすべての市民に平等に保障する尊厳（Würde）とは、むろん正反対である。

ジェレミー・ウォルドロンは、尊厳はもともと一部の人々だけがもっていたもので、それが普遍化されることによって結果として人間の尊厳という平等主義的概念が生じたという、パラドキシカルな事態を指摘している。それゆえ「差異にもとづく特別扱い（die feinen Unterschiede）」という含みが現在でも完全に消えているわけではないというのだ。「『尊厳』という概念はかつて、位階と地位に基づくヒエラルキー的な差異化と結びついていたが、それがいまや、あらゆる人間が同等の位階、それもきわめて高い位階を有しているという思想を表すようになった」[25]。ウォルドロンは、この普遍化によって、いまではあらゆる市民が、考えられ得るかぎり最高の位階、たとえばかつて貴族にのみ許されていたような位階を手に入れるようになったと考えている。しかしこうした考え方は、各人に平等に与えられた人間の尊厳という意味を捉えきっているだろうか。平等な人間の尊厳という概念の直接的な先駆は、ギリシア哲学、特にストア派における、そしてローマの人文主義――たとえばキケロ――における人間の尊厳の概念であるが、こうしたものも近代的な人間の尊厳というコンセプトが持つ平等主義的な意味に繫がるものではなかった。当時、人間の尊厳（*dignitas humana*）の説明となっていたのは、コスモスにおける人間の存在論的に卓越した地位であった。つまり、「より低次の」生き物とは異なって理性と反省の能力を有するという特徴に基づく人間の位階であった。しかし、種の高等性は、種の保護の基礎づけにはなるかもしれないが、規範的要求の源泉として一人一人の人格の尊厳の不可侵性を基礎づけるものではない。

この段階ではまだ、この概念の系譜学における二つの決定的な歩みが欠けている。第一に、集合的な普遍化に加えて、個人化が必要であった。ここで問題になるのは、人間同士の水平な関係における個々人の価値であり、神との、あるいは下位の存在位階との垂直的

(25) Waldron, »Dignity and rank«, a. a. O., S. 201.

な関係における人間「というもの」の地位ではない。第二に、人類とその個々の成員が持つ相対的に高い価値ではなく、それに取って代わる人格の絶対的な価値が必要であった。ここで重要となるのは、各人の比較することのできない価値である。この二つの歩みはどちらも、ヨーロッパにおいてユダヤ・キリスト教の伝統に属する諸主題と思考パターンが哲学的に受容されることによって生じたのだ。以下ではその過程を短く振り返りたい。[26]

　尊厳（*dignitas*）と人格（*persona*）のあいだには、すでに古典古代において緊密な結びつきが確立していたが、役割構造から抜け出した個々の人格が登場したのは、ようやく中世のこと、神の似姿としての人間に関する議論においてであった。そこでは、各人が代替不可能なかけがえのない人格として最後の審判を受ける、と論じられたのである。個人化の概念史におけるもう一つ別の転換点は、スペインの後期スコラ学が、主観的な権利と客観的な自然法秩序の区別を開始した点に見出される。[27]ただし決定的な軌道の転換は、フーゴー・グロティウスとサミュエル・フォン・プーフェンドルフが、個々人の自由を道徳化して理解したときに生じた。カントはこの理解を自律という概念において義務論的に先鋭化した。もっともそのラディカルさは、世界から超越した「目的の王国」における身体なき自由意志という対価をはらうことになったのだが。自由はいまや、理性的に自己立法する人格の能力に存することになる。理性的存在同士の関係とは、普遍性を基準に立法しようとする各々の意志を、各人が相互に承認することである。そこでは各人が、「自分自身とすべての他者を、決して単なる手段としてではなく、そのつど同時に目的そのものとして扱う」よう求められる。[28]こうして、他者による利用から絶対的に守られるべき領域が定められる。個々の人格の「無限の尊厳」とは、この自由意志の領域を不可侵のものとして尊重するよう、他者のすべてに対して求める、各人の要求のことなのである。

(26) 人間の尊厳の概念の神学的背景については、ティネ・シュタインによる思想史的研究を参照。Tine Stein, *Himmlische Quellen und irdisches Recht. Religiöse Voraussetzungen des freiheitlichen Verfassungsstaates*, Frankfurt am Main: Campus 2007, 特に第七章。以下も参照。Wolfgang Huber, *Gerechtigkeit und Recht. Grundlinien christlicher Rechtsethik*, Gütersloh: Chr. Kaiser 1996, S. 222-286.

(27) Ernst-Wolfgang Böckenförde, *Geschichte der Rechts- und Staatsphilosophie*, Tübingen: Mohr Siebeck 2002, S. 312-370.

(28) Immanuel Kant, *Grundlegung zur Metaphysik der Sitten*, in: *Werkausgabe in zwölf Bänden*, herausgegeben von Wilhelm Weischedel, Bd. VII, Frankfurt am Main: Suhrkamp 1968, S. 11-102, S. 66.〔『人倫の形而上学の基礎づけ』平田俊博訳、『カント全集7』、岩波書店、二〇〇〇年、七二頁〕

興味深いことに、カントにおいて人間の尊厳は、体系としてみた場合、なんら重要な役割を与えられていない。基礎づけの役目を一手に引き受けているのは、道徳哲学的な自律の概念である。「かくして自律は、人間的な、あらゆる理性的存在の尊厳の基礎である」[29]。「人間的な尊厳」がなにを意味しているのかを理解するためには、まず「目的の王国」について把握しておかなければならない[30]。カントは『法論』において、人権を――より正確に言えば「人間であるがゆえに」だれにでも備わる「唯一の」権利である人権を――、各人の自由に直結するかたちで導入している。「あらゆる他者の自由と普遍的な法に適って両立し得るかぎりの」自由に直結させている[31]。カントにおいても、人権は普遍主義的かつ個人的に理解された人間の尊厳という源泉から道徳的内容を汲みだしており、その道徳的内容を実定法の言語で詳述したのが人権なのだ。しかしこの人間の尊厳は、空間と時間の彼岸にある叡智的な自由と合致しており、そこからは国家公民としての法的な地位という含意が捨象されてしまう。そして、この地位という含意があったからこそ、人間の尊厳が歴史のなかで道徳と人権の間を結びつける役割を果たし得たのである。人権が法としての性格を持つという際に肝心なのは、人権が保障する人間の尊厳には、自尊心《セルフリスペクト》と社会的承認という意味が含まれ、この意味合いは空間と時間における——まさに民主的な国家公民という——地位に由来することなのである。(32)

われわれはここまで三つの要素を概念史的にまとめてきた。それは第一に人間の尊厳という高度に道徳化された概念であり、第二に、伝統的に受け入れられてきた社会的地位と関連する尊厳の記憶であり、第三に、近代法の成立とともに生じた、他の法人格に対して権利を要求する法人格の自覚的な立場であった。ここで概念史から社会史および政治史に

(29) Ebd., S. 69.〔同前、七五頁〕

(30)「目的の王国においては全員が、価値もしくは尊厳を持つ。価値を持つものは、それと等価の何かによって代替できる。それに対してあらゆる価値から超越しているもの、したがって自らに等価のものを持たないものは、尊厳を持つ」(Ebd., S. 68)〔同前、七二頁〕。

(31) Immanuel Kant, *Die Metaphysik der Sitten, Rechtslehre*, in: *Werkausgabe in zwölf Bänden*, Bd. VIII, a. a. O., S. 309-499, S. 345.〔『人倫の形而上学』横井正義/池尾恭一訳、『カント全集11』、岩波書店、二〇〇二年、五八頁〕

(32) カント自身の理論の前提のもとでは、超越的な自由の王国と現象的な必要性の王国の間のこのような「媒介」は必要でもなければ可能でもない。しかし、自由意志の性格が脱超越論化されるならば、(たとえば『コミュニケーション的行為の理論』においてのように)、道徳と法のあいだの距離を架橋する必要が出て来る。まさにこの役割を担うのが、人間的尊厳の地位依存的概念なのである。

視線を移し、もともとは地位と結びついていた「尊厳」が「人間の尊厳」へと普遍化されることで理性道徳の内容と実定法の形式が統合されるというダイナミズムを、すくなくともなるほどそうだったのか、と思えるように描いてみよう。それには、歴史的に完璧な論証とは言えないかもしれないが、明白な事実を挙げることができる。つまり、人権の要求とその貫徹が平和裡に起きたことはほとんどないということである。人権は、暴力的でときに革命的な、承認をめぐる闘争を通じてもたらされた。[33] 歴史を振り返れば、初期の自由の闘士たち（たとえば水平派を考えてみればよい）の脳裏で、かの三つの概念的要素が交錯し、そのようにして武器が取られた状況を想像することができる。蔑みと辱めという史実としての経験が、すでにこの時期にキリスト教的な平等主義と結びついた人間の尊厳という光に照らして解釈され、反抗のひとつの動機となっていた。だがいまや、そうした政治的な怒りは、普遍的な権利に対する自覚的な要求という実定法的な要求として表現されることになった。それとともに、ひょっとするとそこには、――身分に根差したなじみの尊厳の概念を念頭に――平等な権利の主体として相互に承認し合う国家公民という地位を、この基本権が基礎づけることになるのではないかという期待も、すでに存在していたかもしれない。

（3）人権がこのように闘争に由来するからといって、こうした歴史的な理由だけでは、この権利に今日まで論争的な性格がつきまとっていることの説明として充分ではない。むしろ、人権が国家によって認められた権利であっても、なんとなくまだ充分に実現していないという感じが残っているのは、これが道徳的な内容をしょいこんでいるからでもある。こうした道徳的な性格によってこそ、一八世紀末の二つの憲法革命[*8]によって、近代社会に挑発的な緊張が持ち込まれた理由が明らかになるのだ。もちろんのこと、実社会のなかでは、規範と事実的状態の間の乖離は、いつでもどこでも存在している。とはいえ、民主的憲法の制定という歴史的に前例のない実践を通じて、まったく別のユートピア的な乖離が、つまり未来に実現するべきものとして時間的な次元に持ち込まれた乖離が生み出されたの

（33）　Vgl. Axel Honneth, *Kampf um Anerkennung. Zur moralischen Grammatik sozialer Konflikte*, Frankfurt am Main: Suhrkamp 1992〔『承認をめぐる闘争――社会的コンフリクトの道徳的文法』、山本啓／直江清隆訳、法政大学出版局、二〇〇三年〕。

だ。人権は一方で、局地的な共同体においてのみ、つまりさしあたり国民国家の内部においてのみ、基本権としての実定的な妥当性を獲得し得る。他方、いっさいの国境を超えて妥当性を獲得することを目指す人権の普遍主義的な要求は、世界全体にまたがる包摂的な政治的共同体においてのみ実現され得る。[34] この矛盾が理性的な解決を見出し得るのは、民主的な憲法を持つ（ただしだからといって国家の役割を引き受ける必要はない）世界社会においてのみであろう。[35] 人権と市民権の間には、そのはじまりから弁証法的な緊張が存在しており、この緊張は、好都合な歴史的条件が整ったとき、「障壁を突破する力」（ルッツ・ヴィンゲルト）をもたらす。

だからといって、国民国家の内部における人権の保護と、外部にむけての人権のグローバルな普及が、社会運動や政治的闘争、抑圧と辱めに対する怯みない抵抗なしに可能であったかのように考えてはならない。人権の達成をめぐる闘争は、たとえば中国、アフリカ、あるいはロシア、ボスニア、コソボにおいてそうであるのと劣らず、われわれの国々においても続いている。空港の人目につかない場所で行われる難民申請者の強制送還、リビアとランペドゥーサ島を結ぶ地中海ルートで転覆する貧困難民の乗ったボート、メキシ

（34） Albrecht Wellmer, »Menschenrechte und Demokratie«, in: Gosepath/Lohmann, *Philosophie der Menschenrechte*, a. a. O., S. 265-291; 民主的な法治国家で国内に居住する「外国人」の人権と市民権が必ずしも完全に一致してはいないことの意味をめぐる鋭い分析は以下を参照。Erhard Denninger, »›Die Rechte der Anderen‹. Menschenrechte und Bürgerrechte im Widerstreit«, in: *Kritische Justiz* 3/2009, S. 226-238.

（35） これについては私の諸論文を参照。»Zur Legitimation durch Menschenrechte« (1998), »Hat die Konstitutionalisierung des Völkerrechts noch eine Chance?« (2004), und »Konstitutionalisierung des Völkerrechts und die Legitimationsprobleme einer verfaßten Weltgesellschaft« (2008), in: *Philosophische Texte*, Bd. 4, Politische Theorie, a. a. O., S. 298-312, S. 313-401 und S. 402-424. 市民権と人権の間の矛盾は、ハンナ・アーレントが（第二次世界大戦末期に追放された人々の立場を念頭に）要請したような「権利への権利」を通じて立憲国家がグローバルに普及することによってだけでは、解消されない。古典的な国際法は国際関係を「自然状態」にとどめおいているからである。この間に世界社会の協調の必要性が生じたが、その課題を克服しうるのは、ただ（時代に合わせて修正されたカント的意味での）「コスモポリタン的な法治体制」のみである。

この点について私は、『メタフィロソフィー』誌特別号の序文、*Symposium on human Rights: Origins, Violations, and Rectifications* (Bd. 40/Nr. 1, 2009, S. 2) にみられる深刻な誤解を解いておかなければならない（以下の論考も同じ誤解をしている。Andreas Føllesdal, »Universal human rights as a shared political identity. Necessary? Sufficient? Impossible?«, ebd., S. 78-91, S. 85ff.)。ずっと以前から私は、民主的共同体における集合的アイデンティティは既存の国民国家の境界を越えて広がりうるという見解を当然に支持しており、リベラルなナショナリストがこの点について有している留保をまったく持ち合わせていない。多層的な世界社会体制を支持する過程で、私は、世界政府は望ましくもなければ実現可能でもないというテーゼを支える別の諸根拠を論じた。

コとの国境フェンスで起こる射殺、こうしたすべてが、西側世界の市民たちにさらなる悩ましい問いを投げかけている。最初の人権宣言とともに設定された基準は、難民、悲惨な境遇に陥った者、排除された者、名誉を汚された者、辱められた者たちに対して、彼らの苦しみは自然な運命などではないことを示唆し、自覚させることになった。人権の最初の実定法化とともに、実現していない道徳的余剰を実現させる法的義務が生み出されたのだ。そしてこの義務が人類の記憶に刻み込まれることになった。

こうして人権は、ユートピア社会が実現して全員が幸福になるという怪しげなイメージを振りまくだけのものではなくなり、正義の社会という理想を目標として掲げ、そうした理想を立憲国家のさまざまな制度のうちに根づかせることになる。それゆえに、人権は現実的なユートピアとなる。[36] この正義の理念が要求する水準は高く、それが未完であることが、言うまでもなく政治的および社会的現実のなかに厄介な緊張をもたらすことになる。南米やその他の地域[37]における建前だけの民主主義で、基本権が象徴としての力しか持っていないのは論外としても、国連の人権政策には、一方で人権言説を普及させると同時に、他方でお決まりの権力政治を正当化する道具として人権言説が乱用される事態を招く矛盾がある。国連総会はたしかに、人権の国際法上の法制化と内容の分節化を、たとえば人権規約の議決を通じて促進してきた。人権の制度化も進展した。個人による抗告の手続きや、各国の人権状況についての定期的な報告、そしてとりわけ、ヨーロッパ人権裁判所、さまざまな戦争犯罪法廷、国際刑事裁判所のような国際法廷の諸制度が挙げられる。もっとも派手なものは、国際社会の名のもとに安全保障理事会が議決する人道的介入であり、やむをえない場合は主権を有する諸政府の意志に反しても議決されてきた。しかしまさにこのような事例において、さしあたり断片的に制度化されているにすぎない世界秩序を促進するという、この試みの難しさが露わになる。というのも、正当化された試みが不首尾に終わることも問題だが、もっと悪いことに、こうした試みの意義の曖昧さが、道徳的基準そのものを危うくしてしまうからである。[38]

(36) Ernst Bloch, *Naturrecht und menschliche Würde*, Frankfurt am Main: Suhrkamp 1961.
(37) Marcelo Neves, »The symbolic force of human rights«, in: *Philosophy & Social Criticism* 33/2007, S. 411-444.
(38) さらに、こんにち一般的な「総督的人権政治 (gubernative Menschenrechtspolitik)」〔人権が、国家からの個人の自由や人民主権のための手段ではなく、むしろ国家が他国に介入するための手段とされるような不偏不党とは程遠く、全体の代表とはいえない安全保障理事会が、恣意的で一面的な決議をしたことが思い出される。また、議決された介入を実行する気乗りしない中途半端で無能な試みも、——そしてそれがしばしば悲劇的な形で失敗したこと（ソマリア、ルワンダ、ダルフール）も思い出される。さらに、こうした警察力の投入は戦争のごとく執り行われ、軍隊は無辜の住民たちの死と悲惨を「副次的被害」として無視する（コソボ）。その上、介入を行う諸国は、当該地域を平定しても、その地域で破壊された、あるいは崩壊したインフラを再建し、国家を建設する能力も、そのために必要な忍耐も、見せてはくれなかった（アフガニスタン）。人権政治が、大国の国益の実現の道具と、そのことを覆う隠れ蓑のようなものになってしまうならば、そして、超大国が国連憲章をないがしろにし、介入の権利を不当に行使するならば、さらには、人道主義的な国際法を破って侵略を行いながら、普遍的価値に訴えてみずからの行為を正当化するならば、人権のプログラムは人権の帝国主義的な乱用そのものだという疑念のとおりということになる。[39]

人権の実定法化によって、理念と現実の間の緊張が、現実そのもののなかに入り込んできた。そのことが今日われわれに、ユートピア的な起爆力を裏切ることなく現実的に思考人権政治のあり方」が、しだいに人権と民主主義の関係を崩壊させつつある。この点については以下を参照。Klaus Günther, »Menschenrechte zwischen Staaten und Dritten« (a. a. O.). 以下も併せて参照。Ingeborg Maus, »Menschenrechte als Ermächtigungsnormen internationaler Politik oder: der zerstörte Zusammenhang von Menschenrechten und Demokratie«, in: Hauke Brunkhorst, Wolfgang R. Köhler und Matthias Lutz-Bachmann (Hg.), *Recht auf Menschenrechte*, Frankfurt am Main: Suhrkamp 1999, S. 276-292. この傾向については、以下も参照。Klaus Günther, »Von der gubernativen zur deliberativen Menschenrechtspolitik. Die Definition und Fortentwicklung der Menschenrechte als Akt kollektiver Selbstbestimmung«, in: Gert Haller/Klaus Günther/Ulfrid Neumann (Hg.), *Menschenrechte und Volkssouveränität in Europa: Gerichte als Vormund der Demokratie?*, Frankfurt am Main: Campus 2011, S. 45-60.

(39) こうした疑念を最初に概念化したのはカール・シュミットである。Vgl. Carl Schmitt, *Die Wendung zum diskriminierenden Kriegsbegriff*, Berlin: Duncker & Humblot 1988 (1938); ders., *Das internationalrechtliche Verbrechen des Angriffskrieges und der Grundsatz »Nullum crimen, nulla poena sine lege«*, herausgegeben, mit Anmerkungen und einem Nachwort versehen von Helmut Quaritsch, Berlin: Duncker & Humblot 1994 (1945). シュミットはとりわけ、国際紛争を解決するための正当な手段である戦争を貶しめるイデオロギーであるとして、人権を弾劾した。ウィルソン主義的な平和の理想がすでに、「正しい戦争と不正な戦争の区別」を「より本質的で深刻な、そしてより全体的な、友と敵の区別」に置き換えるよう作用していると、シュミットは述べる (*Die Wendung zum diskriminierenden Kriegsbegriff*, a. a. O., S. 50.)。いわく、自然発生的な国際関係において、敵を道徳的に批判することは、自身の利害を覆い隠す決定的な手段である。攻撃する側は、人道的であるがゆえに理性的であると称する、戦争廃絶という透明中立を装った建前の後ろに、身を隠すことになるからである。もっとも、戦争が人権の名の下で「道徳化」されることへのシュミットの批判は、空振りに終わっている。彼の批判には、強制力を持つ法媒体に道徳の内容が移し入れられるという、人権の核心部分が欠けているかし行動するという挑戦的課題を突きつけている。この課題は両義性をはらんでおり、われわれはともするど、道徳的内容の厳しさにこだわり、理想主義的でありながら実際の関与は避けることにするか、それともいわゆる「現実主義者」のシニカルな態度をとるかのどちらかへと、容易に誘惑されてしまう。ただし、人権のプログラムを一括りに捨て去ろうとするカール・シュミット的なやり方はとっくに現実的でなくなっている。人権のプログラムはいまや、支配体制を揺るがすそのパワーによって世界のあらゆる地域で深く浸透しているからだ。したがって「現実主義」は今日では別の様相を示すことになる。正面切って人権の建前を突き崩そうとする批判にとってかわったのが、人権の穏健な価値切り下げである。この新しいミニマリズムは、人権からその核心である道徳的原動力、すなわち各人が等しく有する人間の尊厳の保護という内容を切り離すことによって、理念と現実の緊張の緩和を促す。

ケネス・ベインズはこのアプローチを、ジョン・ロールズに依拠しつつ「政治的な」人権の企てであるとする。[40] さらに、そうした「政治的人権」は、人間であるという理由だけでなんぴとにも「生来」の人権が備わっているという自然権的な人権観とはちがうものである、としている。「人権は、政治共同体への包摂の条件として理解される」[41]。これには私も賛成である。問題なのは、それに続く指し手である。つまり、この包摂の道徳的意味――各人が等しい権利の主体として、その人間的尊厳において尊重されるという内容――を、フェードアウトさせてしまう点である。人権政治に最悪の失策がともなっていたことを考えると、慎重になることはたしかに必要である。だからといって、人権それ自体からその道徳的な付加価値を奪ってよいということではない。そして、人権政治の失策は、人権という主題の論点を、はなから国際政治の問題へと狭隘化してしまう十分な理由とはな

らである。戦争の禁止が事実上、国際関係の法制化をもたらすにつれ、自然法的ないし宗教的な基準からなされる「正しい」戦争と「不正な」戦争の間の区別が放棄され、世界警察による措置という形を取らねばならない「合法的」戦争という考え方に取って代わられることになるからである。この点については以下を参照。Klaus Günther, »Kampf gegen das Böse? Zehn Thesen wider die ethische Aufrüstung der Kriminalpolitik«, in: *Kritische Justiz* 27/1994, S. 135-157.

（40） Kenneth Baynes, »Toward a political conception of Human Rights«, in: *Philosophy and Social Criticism* 35/2009, S. 371-390.

（41） Kenneth Baynes, »Discourse ethics and the political conception of human rights«, in: *Ethics & Global Politics* 2/2009, S. 1-21.

りえない。[42] このミニマリズムが忘れていることがある。それは、国内において普遍的人権と局地的市民権の間に存在し続ける緊張が、国際政治上のダイナミズムの規範的根拠であるということである。[43] ミニマリズムにおいては両者の連関が考慮されないから、人権のグローバルな普及をいう際には、それとは異なる根拠が必要になる。そこで持ち出されるのが、世界社会がますます相互依存の度合いを深め、システム的な絡み合いがより密になっているがゆえにこそ、国際関係における国家（そして市民）同士の道徳的義務が生じるのだ、という議論である。[44] こうした視点に立てば、包摂への要求はなによりも、事実上すでに生じている相互関係での互恵的な依存から生じることになる。[45] この議論は、経済的に豊かなわれわれの社会で、周辺化され底辺化された人々が自由な生活環境への包摂を望んで権利を要求するとき、それを正当だと感じる感受性がどのように形成されるのか、という経験的問いに対して、一定の説明を与えうる。しかしながら権利要求の規範としての力それ自体は、普遍主義的道徳にその根拠を有しており、その道徳の内実は、人間の尊厳という理念を通じて、民主的な国制〔憲法〕の人権および市民権というかたちで実現しているのだ。人間の尊厳と人権の間のこの内在的な連関を通じてのみ、道徳が法＝権利という媒体に接合することで生まれる起爆力が確保される。より公正な政治秩序はこうした法＝権利という媒体において構築されねばならない。

（42）「人権は第一義的には、基本的な人間的利益を保護し、政治社会にその成員として参加する可能性を個々人に与えるよう保障することを目指す、そのような国際規範として理解される」（Ebd., S. 7）。

（43）こうしたミニマリズム的立場に対する批判は以下を参照。Rainer Forst, »The justification of human rights and the basic right to justification. A reflexive approach«, in: *Ethics* 120/2010, S. 711-740. ここでは次のように言われる。「こうした権利の政治的および法的機能を、正当な介入政策の根拠づけとして強調するのは、ごく一般的にいって、誤解を招く。それではあべこべである。われわれはさしあたり第一歩目として、正当な政治権威が尊重し保障しなければならない、正当と認められる一連の人権を構築（ないし発見）しなければならない。そしてそのあとではじめて、第二歩目に、これらの権利を監視し、それが尊重され保障されるような政治統治が実際になされるよう保証するためには、国際的次元においてどのような法体制が求められているのか、という問いを立てることができる」（S. 726）。

　このことは別としても、ここで素描したような国際関係への視野の狭隘化は、西側諸国が自分達以外の世界を幸福にするためとばかりに押し付けるパターナリスティックな人権輸出という方向に、まことしやかにささやきかけるものである。

（44）Joshua Cohen, »Minimalism about human rights: The most we can hope for?«, in: *The Journal of Political Philosophy* 12/ 2004, S. 190-213.

（45）「権利とそれに対応する義務は、人間であるがゆえに個人に所属する権利要求よりも、むしろ個人間の特殊的な関係から成立する」（Kenneth Baynes, »Toward a political conception of Human Rights«, a. a. O., S. 382）。

権利がこのように未完の道徳的内容を担うようになったのは、一八世紀の憲法革命の成果である。この普遍主義的道徳的規範と法において実現される現実の間の緊張こそが、われわれが暮らしているようなある程度まで自由な社会の市民が、既存の基本権のいまだ実現されていない内容の実現を目指し、そして保障された自由権が空洞化する切迫した危険に対してより敏感に反応するための推進力となる。この緊張を緩和してしまうならば、こうした推進力を有する人権理解のあり方を放棄することになるのである。

国際法の憲法化の光に照らしてみたＥＵの危機——ヨーロッパ憲法論[46]

I　ヨーロッパはなぜいままさに憲法的プロジェクトなのか

現在の危機にあって、われわれはそもそもなぜEUに固執しなければならないのか、それどころか、「政治同盟をさらに緊密化する」という以前からの目標を守らねばならないのか、だいたいからして、ヨーロッパで戦争ができないようにするという元来の動機は果たされたからもうこれでいいではないか、といった問いをよく耳にする。この問いへの答えはひとつではない。以下において私は、国際法の憲法化[47]という観点から新たな語りを、それも説得力のある語りを展開してみたい。この国際法の憲法化は、カントとともに、現状維持という観点をはるかに越えて、世界市民という未来の地位を目指しているものである[48]。つまり、ヨーロッパ連合は、政治的に憲法的編成を持った世界社会への決定的な一歩

(46) アルミン・ボグダンディには、細部について手伝っていただいた。また、クラウディオ・フランツィウスとクリストフ・メラースには、批判をいただいた。あわせて感謝したい。

(47) Jochen Abr. Frowein, »Konstitutionalisierung des Völkerrechts«, in: Jürgen Dicke et al., *Völkerrecht und Internationales Privatrecht in einem sich globalisierenden internationalen System*, Berichte der Deutschen Gesellschaft für Völkerrecht, Bd. 39, Heidelberg: C. F. Müller 2000, S. 427-447. こうしたパースペクティヴは特にドイツの法学にとっては明らかなものである。しかし、今日ではまた、政治的な理由から特に目立つところがある。Vgl. dazu das Vorwort in Claudio Franzius, Franz C. Mayer und Jürgen Neyer (Hg.), Strukturfragen der Europäischen Union, Baden-Baden: Nomos 2010, S. 16. 国際法の歴史に対するドイツ語系の寄与を見事に分析し、その上で、ドイツ法学において国際法の憲法化という理念が顕著な位置を持つことをも明らかにしたのは、マルッティ・コスケニエミの次の論文である。Martti Koskenniemi, »Between coordination and constitution. International Law as German discipline« (erscheint in: *Redescriptions. Yearbook of Political Thought, Conceptual History and Feminist Theory*).

(48) カントは、国家連合というモデルを諸国民がより一層統合される方向の一歩にすぎないというように見ていたとするカント解釈に関しては以下を参照。Ulrich Thiele, »Von der Volkssouveränität zum Völker (staats) recht. Kant-Hegel-Kelsen: Stationen einer Debatte«, in: Oliver Eberl (Hg.), *Transnationalisierung der Volkssouveränität. Radikale Demokratie diesseits und jenseits des Staates*, Stuttgart: Franz Steiner 2011, S. 175-196. そこでは次のように言われている。「永遠平和のためにナショナルな高権を、超国家的ないし間国家的な組織に移譲する特別な条約は、〈諸国民相互の契約〉から生じるものととらえねばならない。単に事実上の主権者同士の条約にすぎないと考えてはならない」(S. 179)。

であると理解できるのだ。[49] たしかに、リスボン条約に至る道はきわめて大変だったので、こうした憲法化をめぐる政治的議論のなかで、ヨーロッパに好意的なエネルギーが消耗し尽くしているかの感があるにはちがいない。とはいえ、目下計画中の「ヨーロッパ経済政府」とは別に、憲法化の展望は二つの理由から重要である。第一には目下の議論は、当面の銀行危機、通貨危機、債務危機の出口を直接探るという狭い課題に集中しすぎていて、問題の政治的次元を視野から見失っている。第二には、まちがった政治的な概念をいくつか用いているために、民主主義的な法制化がもつ文明化〔問題の非暴力的解決〕の働きを見えなくしてしまっている。それとともに、ヨーロッパ憲法というプロジェクトのはじめの約束を見失っている。

（1）経済的な側面への視野狭窄が起きていること自体、この危機のより深い理由について専門家の一致した診断があると見受けられるのに、まったくもって不可解である。つまり、個々の国民経済の競争力が違い、その違いはますます激しくなっている。それを調和させる必要があるが、そのための権能はEUに欠如しているという診断である。たしかに当面の危機が注目を引いていることは間違いない。[50] とはいえ、ことに当たっている当事者たちこそは、通貨同盟に不可欠なヨーロッパ次元での政治的な調整能力が欠けているという設計ミスを忘れてはならないのだ。このミスは長期的な展望があってはじめて解消できるものだ。「安定協定[*1]なるものでは、以前からの間違いを繰り返すだけだ。つまり、各国政府首脳たちで結ばれた約束は法的にはなんの拘束力もないもので、効力を発揮しないか、非民主的なままである。それに代わって、民主主義として問題のない制度化、つまり

---

(49) 世界市民権というカントの理念については、一九九五年から二〇〇五年にかけてなんども論じてきた。Vgl. Jürgen Habermas, »Kants Idee des ewigen Friedens – aus dem historischen Abstand von 200 Jahren«, in: *Die Einbeziehung des Anderen. Studien zur politischen Theorie*, Frankfurt am Main: Suhrkamp 1996, S. 192-236〔「カントの永遠平和の理念――二〇〇年という歴史を経た地点から」、『他者の受容』高野昌行訳訳、法政大学出版局、二〇一二年、一九〇―二三一頁所収〕; »Hat die Konstitutionalisierung des Völkerrechts noch eine Chance?«, in: *Der gespaltene Westen*, Frankfurt am Main: Suhrkamp 2004, S. 113-193〔「国際法の憲法化のチャンスはまだあるだろうか」、『引き裂かれた西洋』大貫敦子／木前利秋／鈴木直／三島憲一訳、法政大学出版局、二〇〇九年、一六一―二六五頁所収〕; »Eine politische Verfassung für die pluralistische Weltgesellschaft?«, in: *Zwischen Naturalismus und Religion*, Frankfurt am Main: Suhrkamp 2005, S. 324-365〔「複数主義的世界社会のための政治体制」、『自然主義と宗教の間』、前掲書、三四九―三九二頁所収〕。

(50) 政治家たちのこの危機への対処の仕方を見ていると、経済学の専門家たちの予想が極めて怪しいこともわかる。

共同の決定の制度化がなされなければならないということだ。(51) ドイツ政府は、唯一の建設的な危機脱出の道に目をとざしてしまい、それによってヨーロッパ全体の連帯解消を促進する存在になってしまった。『フランクフルター・アルゲマイネ』紙ですら、「もっとヨーロッパを」という簡潔な表現で、この危機脱出の道を説いているのに、政府はそれに目を閉ざしたのだ。また関係各国政府すべてにこれまでのところ勇気が欠けている。彼らは、一方では大銀行と格付け機関を気にかけ、他方では、不満たらたらの自国民から信頼を失いつつあることに悩んで、右往左往するだけだ。脳味噌の欠けた時間稼ぎの弥縫策は、将来の大きな展望がいかに欠けているかを示しているにすぎない。

埋め込まれた資本主義[*2]の時代は終わり、グローバル化した諸々の市場は政治から離れて、どんどん先に進むようになってしまった。それ以来というもの、ＯＥＣＤ諸国はどこも、経済成長政策と並んで、富のある程度までの公正な分配と、国民全般の社会保障を確保するのが難しくなっている。そこで、こうした諸国は、為替を自由化し、変動相場制にして、やむをえずインフレにすることによってこの緊張をとりあえずは、緩和してきた。こうした政策はしかし、社会的コストがきわめて高い。それゆえに、今度は他の抜け口を試みた。

つまり公共支出を国債の発行を増大することで賄うやり方である。政府はこうして、国債発行の急拡大によって自らの正当性をなんとか調達してきたのだが、この二〇年間のそれなりにしっかりした統計からわかるトレンドでは、たいていのOECD諸国において、社会的格差と将来の不安が増大していることが明らかである。そのうえ、二〇〇八年以降続いている金融危機によって国債発行というメカニズムそのものがブロックされてしまった。内政的には緊縮政策（austrity politics）はもともと押し通しにくいが、そうした緊縮政策と、なんとか我慢できる程度の社会政策の長期的な維持をどのように釣り合わせたらいいのだろうか、その点は目下のところではまったく見通しがつかない。スペインとイギリスにおける青年たちの反抗運動は、社会的平和が危機に瀕していることを示す悪い兆候である。

こうした状況下で、市場の強制命法と政治の規制力とのアンバランスこそが本当の挑戦的課題であるとの認識が生じてきた。ユーロ圏では、安定協定なるものはとっくに空洞化

（51）　これに関しては、本書二〇一―二一八頁の拙稿「ユーロプラス協定はヨーロッパを救うか、壊すか？」を参照のこと。

している。そこで、曖昧に論じられている「経済政府」なるものがこの考えに新たな息を吹き込むことになるというのだ。ジャン＝クロード・トリシェ[*3]は、ユーロ圏に関してヨーロッパ財務省の設立を提案しているが、その際に、それならば、共同の金融政策を議会によってコントロールすることが必要となるのに、そうした議会制度のあり方についてはまたしても一言も触れない始末だ。さらには、競争力にとって重要な一連の政策は、税制を越えて、個々の国家の予算権にまで関わるものとならざるをえないことにも彼は触れなかった。とにもかくにもこの議論でわかったことがある。それは、経済的（非）合理性の狡智の結果、ヨーロッパの未来に関わる問題は経済テクノクラートの問題ではなく政治的アジェンダの問題であるということである。メルケル内閣の最後の明白な「ヨーロッパ主義者」であるヴォルフガング・ショイブレ財務相[*4]には、ナショナルな次元からヨーロッパ次元への権能の移行は、民主主義としての正当化の問題に関わることがわかっているはずだ。彼は随分以前から、EU大統領を直接選挙で選ぶという議論に時に応じて触れているが、この議論も今では、実態を隠すだけの機能しか果たしていない。実態は、中核ヨーロッパの首脳会議がテクノクラシーの力で全権を奪取し、非公式の談合を通じて、EU条約を無視した統治を行っているだけだ。

こうしたきわめて特殊な「統治連邦主義（Exekutivföderalismus）」[52]の考え方のうちには、これまで裏で自分たちだけでやっていたヨーロッパというプロジェクトを、広い公共の論争の場に、つまり、格式など抜かした騒がしい議論の場に移行させるのを嫌がる政治エリートの態度がにじみ出ている。現在の諸問題はとてつもなく重要である。そうである以上、政治家たちは——どうのこうのと留保をつけずに——ヨーロッパ問題に関するカードをテーブルの上にオープンにさらして、短期的なコストと真の利益の関係について、つまり、ヨーロッパというプロジェクトの歴史的意義について住民たちに積極的に述べ、啓蒙

(52) この表現を最初に用いたのは「連邦制と民主主義」という論文におけるシュテファン・エーターである（»Föderalismus und Demokratie«, in: Armin Bogdandy/Jürgen Bast (Hg.), *Europäisches Verfassungsrecht. Theoretische und dogmatische Grundzüge*, Heidelberg: Springer 2010, S. 73-120）。しかし、本論とは異なった使い方である。「EUのシステムでは、加盟国の官僚組織は、自国での（ナショナルな次元での）コントロールを大幅に振り切ってしまっている。つまり、決定の必要な諸問題をEUの次元に移してしまうことによってである。ところがEU次元では彼らは、ナショナルな憲法体制におけるようなコントロールと多少なりとも比較可能なコントロールにはいかなる意味でも服していないのだ」（S. 104）。

することが期待されるのだ。政治家たちは、世論調査に出てくる気分の数字が心配なようだが、この心配を乗り越えて、良き立論の持つ説得力を信じるべきだ。しかし、こうした一歩を踏み出すことを、関係国の政府は皆こわがりためらっている。目下のところは政党もすべてそうだ。その代わりに彼らはポピュリズムに取り入って調子を合わせようとしている。ところが、このポピュリズム自体、皆の好かない複雑なテーマを煙にまいて存在しないかのように誤魔化す彼ら政治家たち自身が生み出したのだ。経済的統一から政治的統一への敷居のところで、政治は息を止めて、首を引っ込めているようだ。ショックによるこうした麻痺状況はどうして出てきたのだろうか？

一九世紀的思考にとらわれたパースペクティヴから出てくるのは、「デモスがいない以上は仕方がないではないか」という答えである。つまりヨーロッパ民族などというものは存在しない、それゆえ、その名に値するような政治同盟なるものは、砂上の楼閣にすぎない、という議論である。[53] こうした理解に対して私は、もっと上等なそれを提示してみたい。つまり、世界とヨーロッパでは政治的な断片化が進んでいる。ところがこうした断片化は、多文化的な世界社会のシステム的統合と矛盾し、国家および社会における関係に暴力が支

配している事態の憲法制度を通じた文明化〔問題の非暴力的解決〕に向けた進歩を妨げている、というものである。(54)

（2）まずは、法と権力の危うい関係の歴史を手短かに振り返って、民主主義的に制定された法が持つ文明化の力はどういうものであるかを思い起こしておきたい。初期の高等文明において国家権力が発生して以来というもの、政治的支配は、法という形態をとって成立してきた。法と政治の「結びつき」は、国家そのものと同じに古い。その際に法というものが何千年にもわたって果たしてきた役割は両義的である。つまり、法は一方では、支配の権威的な行使のための組織手段であったが、同時に他方では、そのつど支配する王

（53）こうした気分は、マーストリヒト条約〔一九九二年〕の頃に、条約の流れと反対の方向だったが、分裂したネーションの再統一なるものによって大きくなった。例えばヘルマン・リュッベなどがそうである。Vgl. Hermann Lübbe, *Abschied vom Superstaat. Vereinigte Staaten von Europa wird es nicht geben*, Berlin: Siedler 1994.

（54）文明化の概念を展開したノルベルト・エリアス（Norbert Elias, *Über den Prozeß der Zivilisation*, 2. Bde., Bern/München: Francke-Verlag 1969）〔『文明化の過程・上』赤井慧爾／中村元保／吉田正勝訳、二〇一〇年、『文明化の過程・下』波田節夫／溝辺敬一／羽田洋／藤平浩之訳、二〇一〇年〕は、なによりも、近代化の過程を通じての、社会心理学的に見たセルフ・コントロール能力という意味での文明化の概念を論じた。

朝にとって自身の支配の正当化には欠かすことのできないものでもあった。つまり、法秩序は、国家の処罰・制裁権力を通じて安定的なものとなっていたが、それとは別に政治的支配権力は、自らが正当なものとして被支配者から受け入れられるためには、自らが取り扱う聖なる法のもつ正当化の力に依拠せざるをえなかった。王の裁判権および法が、聖なるアウラを帯びていたのは、元来は神話的な暴力（Gewalt）との結びつきによってであり、のちには、宗教色を帯びた自然法に依拠することを通じてであった。しかし、法がその独自の力を発揮したのは、ローマ帝国において法という媒体が社会の風俗習慣から分離独立してからであった。そしてついには、支配権力の行使そのものが法というチャンネルを通じるようになることによって、法は合理化の作用を持ち、また展開できるようになったのだ。(55)

もちろん、支配の正当性が、被支配者たちの側からの法的に制度化された同意に依拠するようになるためには、それ以前に国家権力（Staatsgewalt）そのものが世俗化され、法そのものが隅からすみまで成文法として実定法化されていなければならない。そうなることによってはじめて、政治的支配の行使そのものが民主的な法制化を見るという、我々の議論の連関で重要なプロセスがはじまりえたのだ。法制化が国家権力からその権威的性格を奪取し、それによって政治的なものそれ自体の内実を変化させる程度に応じて、この法制化は、合理化の力だけでなく、文明化の力をも発揮するようになるのだ。この文明化の流れに不審の目を向けたのが、政治神学者のカール・シュミットである。彼から見れば、それによって支配の権威の中核が柔弱となり、聖なるアウラそのものが奪われてしまうからである。[56] 彼の理解では「政治的なもの」の「実体」は、法的に確立された〔konstituiert. 制憲化された〕支配権力（Herrschaftsgewalt）の自己主張の能力のことであり、この支配権力を規範的な鎖で縛ることはゆるされない、というのだ。

シュミットの理解にしたがえば、この国家の実体は、まだ近代の初頭においては、国内及び国外の敵と戦う主権国家において表現されていた。こうした実体が解体し始めたのは、一八世紀の憲法革命においてであり、しかも国家の内部においてであった。社会の一員で

（55） このプロセスをシステム論は、コードに固有の分離独立を果たした法と政治という部分システムの「繫がり」というように記述する。Vgl. Niklas Luhmann, *Das Recht der Gesellschaft*, Frankfurt am Main: Suhrkamp 1994.

（56） Heinrich Meier, *Die Lehre Carl Schmitts*, Stuttgart: J. B. Metzler 2004.

あった市民は、立憲国家によって民主主義に依拠した国家公民となったのだ。こうした立憲国家にとって「国内の敵」というものは存在しない。「国内の敵」と称されていたのは、いまではもう刑事犯にすぎない。それは、テロリストと戦う場合でもおなじことである。(57) ただひとつ、主権国家とその外部の周辺国との関係のみは、とりあえずはまだ、民主主義的な法制化という規範の鎖が「及ばない」ものとされた。(58) シュミットの価値評価には賛成できなくとも、彼の記述内容はそれなりに評価できるだろう。つまり、「政治的なるもの」をシュミットが振りまくようなアウラ重視の反啓蒙の霧から救い出して、決断および統治権力の民主的な法制化という核に還元するならば、このシュミットの記述が意味するところが明らかになろう。

国際関係においては、国際連盟が失敗し、第二次世界大戦が終わって、国連が創設され、ヨーロッパ統合プロセスがはじまったことで、ようやく国際関係の法制化が動き始めた。この法制化は、国際法による国家主権の(少なくとも戦時国際法 [*ius in bello*] を通じての)規制を目指したそれまでのおずおずとしたさまざまな試みを越えようとしたものである。(59) 冷戦終結後に文明化の非暴力的な紛争処理のプロセスが加速的に進んだが、これは相互補完的な次の二つの観点から記述可能であろう。第一は直接的なことで、国家間の暴力の馴致が直接的にめざしたのは、国家が平和主義志向を持つことだった。第二は間接的なことである。つまり、国家間の力と力のアナーキーなぶつかりあいを馴致し、国際的な協力関係を推進することを通じた平和への囲い込みの結果、新しいスプラナショナルな〔超国家的な〕行為能力を持った組織体が可能となったことである。なぜなら、すでに経済社会の自然暴力は鎖を解き放たれてトランスナショナルなものとなり、国境などにおかまいなくシステム上の強制力を（今日では特にグローバルな金融分野で）発揮しているが、こうした強制力を馴致するには、このようなトランスナショナルな、新しい調整能力（Steuerungskapazitäten）によるしかないからである。[60]

（57） Carl Schmitt, *Der Begriff des Politischen*, Berlin: Dunker & Humblot 1969 (1932).

（58） 攻撃戦争が国際法上の刑罰の対象となることにたいして、カール・シュミットが生涯にわたって大反対をしたのは、このコンテクストにおいてである。Vgl. Carl Schmitt, *Die Wendung zum diskriminierenden Kriegsbegriff*, Berlin: Dunker & Humblot 1988 (1938).

（59） Marti Koskenniemi, *The Gentle Civilizer of Nations. The Rise and Fall of International Law 1870-1960*, Cambridge: Cambridge UP 2001.

もちろんのこと、これまでの法の進化は平和裡に進んだわけでも、単線的に起きたわけでもない。この次元で、つまり、カントが当時フランス革命の帰結について語ったのと同じ意味で[61]、およそ進歩の成果という言い方ができるとしたら、そうした「法制における進歩」は、常に副産物であった。つまり、階級闘争や帝国主義的征服や植民地での蛮行、世界大戦や人類史上いまだかってない犯罪〔ホロコースト〕、ポストコロニアル期の破壊や文化的抹殺などの副産物であった。しかし憲法制度の変化のこうした次元において、注目すべきイノベーションが我々の眼前で始まったことはたしかである。こうしたイノベーションのうちの次の二つは、どのようにしたら国民主権が複数の国民国家の民主的な連合というかたちにトランスナショナル化しうるかを示してくれている。第一には、複数の国民国家がスプラナショナルに設定された法に服することが挙げられる。第二には、ヨーロッパ連合の市民が総体として、限定された数の「憲法制定国家」と憲法制定権力を共有したことである。そして、この複数の憲法制定国家群は、それぞれの国民からスプラナショナルな政治的共同体の創設に参加するための委託を受けているのだ。

こうした観点からヨーロッパ連合の発展を見ると、政治的な行動能力をもち、民主的に正当化された（中核）ヨーロッパへの道が閉ざされているわけでは決してないことがわかる。（Ⅱ）それどころか、リスボン条約によってこの道の最も長い部分はすでに通過しているのだ。（Ⅲ）ヨーロッパ統合のもつ文明化の役割は、より拡大するコスモポリティズムの光に照らして初めてその力を発揮するのだ。最後の章では、国際法上の武力の使用禁止および国連の創設およびその人権政策とともに始まった国際法上の新しい流れに即して論じよう。さまざまな細片がパズル的にまとまって、グローバルな憲法秩序という図柄の建設的な設計図へと組み合わされる様子を見てみたい。

（60） David Held/Anthony McGrew, *Governing Globalization. Power Authority, and Global Governance*, Cambridge: Polity Press 2002.

（61）「学部の争い」でカントは、フランス革命というこの事件と関連させながら「我々の時代における、人類の道徳的傾向を示すこの事件」という言い方をしている。とはいえ、「こうした大きな転換の劇にあって」道徳における進歩の志向を「公的に示してくれる」のは、観衆の思考様式にすぎない（*Werkausgabe in zwölf Bänden*, herausgegeben von Wilhelm Weischedel, Bd. XI, *Schriften zur Anthropologie, Geschichtsphilosophie, Politik und Pädagogik I*, Frankfurt am Main: Suhrkamp 1968, S. 265-393, S. 357）〔『諸学部の争い』角忍／竹山重光訳、『カント全集18』、岩波書店、二〇〇二年、一一一五六頁、一一六―一一九頁〕。

II　EUはトランスナショナル・デモクラシーを採用するのか、それともポスト・デモクラシー的な統治連邦主義となるのか

スプラナショナルなさまざまな組織が緊密な網の目を形成している状況について、もうだいぶ前から危惧が表明されている。それは、国民国家の中で確保されていた基本権と民主主義のあいだの連関が破壊されつつあるのではないかという危惧である。それはまた、〔世界貿易機関や国際原子力機関などの〕世界中に広がる自立的な行政権力によって民主的な主権が没収されつつあるという危惧でもある。[62] こうした心配には二つの異なった問いが混在している。一つの問いは、世界社会の経済的ダイナミズムに関する経験的な裏打ち

のある当然の問い、つまり、すでにとっくに見えている民主主義の欠如がこのダイナミズムによってますます強化されつつあるのではないか、ということだ。これについては、本論に与えられた短いスペースでは論じないことにしよう。[63] ここではしかし、ヨーロッパ連合を例にとって、「ヨーロッパに将来はない」と見る政治的敗北主義がなによりも依拠しているもうひとつのテーゼに反論したい。そのテーゼとは、国民主権のトランスナショナル化は、正当化の水準を切り下げないことには無理だというものである。このテーゼに反論を企てたい。

(62) これについてはインゲボルク・マウスの批判を参照。Ingeborg Maus, »Menschenrechte als Ermächtigungsnormen internationaler Politik oder: der zerstörte Zusammenhang von Menschenrechten und Demokratie«, in: Hauke Brunkhorst, Wolfgang R. Köhler und Matthias Lutz-Bachmann (Hg.), *Recht auf Menschenrechte, Demokratie und internationale Politik*, Frankfurt am Main 1999, S. 279-292; dies., »Verfassung oder Vertrag. Zur Verrechtlichung globaler Politik«, in: Peter Niesen/Benjamin Herborth (Hg.), *Anarchie der kommunikativen Freiheit. Jürgen Habermas und die Theorie der internationalen Politik*, Frankfurt am Main: Suhrkamp 2007, S. 350-382.

(63) Michael Zürn/Mathias Ecker-Ehrhardt (Hg.), *Die Politisierung der Weltpolitik*, Berlin: Suhrkamp 2013; vgl. auch David Held/Anthony McGrew (Hg.), *The Global Transformations Reader. An Introduction to the Globalization Debate*, Cambridge: Polity Press 2000.

そのために、（1）国民主権はその概念からして国家主権に依存しているとするまことしやかな話し方を通じた思考停止を除去しよう。この思考停止こそが前向きの展望を阻止しているのだ。次に（2）国民主権のトランスナショナル化を三つの要素によって捉え返してみたい。これはナショナルな次元では見事に重なり合っている要素である。その三つの要素とは、まず第一には、自由で平等な法人格による民主主義に依拠した共同組織の設立であり、第二には、集合的行為能力の組織化であり、第三には、見知らぬ者同士のあいだでの統合の手段である。ヨーロッパ次元ではこの三つの関係は新しい布置をとることになる。ここでの二つの注目すべきイノベーションは、加盟各国がその国家権力〔Gewaltmonopol.「国家への暴力の集中」〕を維持しながらも、スプラナショナルな法に、多少の興味ぶかい留保つきで服しているということである。（3）そしてさらには、この各国はある限定された意味では自分たちの「主権」をEU市民たちと分かち合っている。（4）この三つの要素が脱国家化された連邦制の民主的な政治的共同体において、このようにあらたな布置関係にはいることは、決して正当化の縮減を意味するものではない。なぜならそのようになっても、ヨーロッパの市民たちは、自分たちのそれぞれの国民国家がEU加盟国としての役割において法と自由の保証という憲法上の役割を今後とも果たしてくれると思うだけの正当な理由があるからだ。とはいえ、そのためには、ＥＵの市民たちとヨーロッパ諸国民とのあいだの「主権の分割」は、ＥＵの法制定への徹底的な共同参加を生み出さねばならないし、また欧州委員会が閣僚理事会と欧州議会に対して同等に責任を負うかたちにならねばならない。[*1]（5）そして最後に、現在の危機によく現れている国家公民相互の連帯の限界というテーマに戻りたい。

1　国民主権の物象化に抗して

民主主義の手続きと国民国家との切り離しが必要で、その可能性について明確に理解しなければならないが、まずはその前に、それではわれわれは民主主義とはどのようなものであると見たいのかを、明らかにしておかねばならない。民主主義的な自己決定とは、強制法の適用される人々〔名宛人〕が同時にその法の作成者でもなければならない、ということである。民主主義にあっては、市民たちは、自分たちが民主的な手続きに則って自分たちのために作った法律にのみ服することになる。(64) この手続きが正当化の力を持つのは、一方では（どのような媒介を経ている場合であれ）政治的意志決定へのすべての市民の包摂のゆえであり、他方では、熟議的な意見形成を経ての（場合によっては特定多数による）多数決のゆえである。このような民主主義によって、国家公民によるコミュニケーション的自由の使用は、政治的に組織された市民からなる社会が自分たちに働きかけていく生産力へと変じるのだ。自分たちの社会への、正当な、つまり利害の一般化をはかるともに、実効性のある働きかけのための正当な生産力である。市民たちが自分たちの生活条件をどのようなものとするかについて共同で働きかけるには、政治によって生活状況を作っていく国家というそれ相応の行為領域を必要とする。

それゆえに、国民主権と国家主権のあいだには概念的な関連が存在するわけである。ところが世界社会においては政治の影響の及ばないかたちで複雑性が増大している。それによってまた国民国家の行為領域が〔経済〕システムの力によって狭まってきている。そういう状況にあって政治的行為の可能性を国民国家の国境を越えて拡大する必要が、民主主義という言葉の規範的な意味からして生まれている。たしかに各国は、こうして生じた問題解決能力の低下を部分的には国際機関の助けを借りて補おうとしてきた[65]。ただし、国際条約にもとづく大部分の機構では勢力の不均衡という大きな問題がある。そのことはおくとしても、参加各国が民主主義的な体制を持っている場合には別の問題も生じる。こうした機構の運営では、どうしても政府間交渉に依拠することになるが、それによって参加各国は正当性の水準の低下という代償を支払わざるをえなくなるのだ。代表者をこうした国際組織に送り込む個々の政府が民主主義的に選出されているからといって、そのことだけでは、この正当性の低下を補うだけの正当性を付与するものではない[66]。それゆえ、国民国

(64)　民主主義的な手続きと、さらに一般的には民主主義的政治の熟議論的理解について以下の拙稿参照。»Drei normative Modelle der Demokratie« (1996) und »Hat die Demokratie noch eine epistemische Dimension? Empirische Forschung und normative Theorie« (2008), in: Jürgen Habermas, *Philosophische Texte, Bd. 4, Politische Theorie*, a. a. O., S. 70-86 und S. 87-139.

(65)　これについては以下を参照。Michael Zürn, »Die Rückkehr der Demokratiefrage. Perspektiven demokratischen Regierens und die Rolle der Politikwissenschaft«, in: *Blätter für deutsche und internationale Politik* 6/2011, S. 63-74.

(66)　こうなった理由については以下を参照。Christoph Möllers, *Die drei Gewalten. Legitimation der Gewaltengliederung in Verfassungsstaat, Europäischer Integration und Internationalisierung*, Weilerswist: Velbrück Wissenschaft 2008, S. 158ff.

家のさまざまな機能がトランスナショナルな統治に移行する度合いが高まるに応じて、国際機関の権力が増大し、結果として、国民国家の民主主義的な手続きが実際問題として空洞化していくことになる。

こうした状況は、それをやむを得ないものと認めたくないであろう。とはいえ、ますます相互依存が増しつつある世界社会のシステム上の強制を不可逆として認めざるを得ないこともたしかである。そうである以上、民主主義的な手続きを国民国家の境界を超えて拡大する政治的必要性があきらかになるであろう。この必要性は、民主主義的な市民からなる社会が自分自身に働きかけ、自らの生活の前提を作っていくという論理から生じるものである。「自分たちにとって重要な事柄について自分たちで規則を作っていく可能性が市民たちに与えられる度合いに応じて、当該のシステムが民主主義的であることになる。とするならば、小さなシステムよりも大きなシステムの方が民主主義にかなっている場合が多いであろう。というのも、特定の課題を処理する能力――例えば、国防や環境汚染を考えてみるがいい――は大きいシステムの方が高いだろうからである」(67)。しかし、こうした議論だけでは、国民主権のトランスナショナル化がそもそも可能なのか、という疑念が消えることにはならない。[68] もちろんのこと、状況が変化した中で民主主義の論理自体から出てこざるを得ないこうした命法といえども、現実の前に挫折することはありうる。とはいえ、政治的支配を、国境を越えて民主主義に即して法制化することへの執拗な懐疑は、間違った集団主義的な理解、つまり、国民主権と国家主権を混同して考える誤解から養分を得ているのだ。この誤解は、例えばコミュニタリアン的な理解にも、リベラルなそれにも、また保守的な、そしてナショナリスティックな解釈にも登場しているが、それは、偶然的な歴史的状況を一般化しすぎるためである。つまり、一九世紀のヨーロッパで構築されたナショナル・アイデンティティという人工的で、それゆえいくらでも変わりうる意識を誤解してそのまま受け取ることになってしまうのだ。[69]

(67) Robert A. Dahl, »Federalism and the democratic process«, in: J. Roland Pennock/John W. Chapman (Hg.), *Nomos XXV: Liberal Democracy*, New York: New York UP 1983, S. 95-108, S. 105.

(68) Thomas Groß, »Postnationale Demokratie – gibt es ein Menschenrecht auf transnationale Selbstbestimmung?«, in: *Rechtswissenschaft* 2/2011, S. 125/153.

(69) Hagen Schulze, *Staat und Nation in der Europäischen Geschichte*, München: C.H. Beck 1994, S. 189.

市民たちは、民主主義的な選挙に参加することで、自分たちの中の何人かに全員のために行動する権利を付与する。それによって市民たちが共同の政治的実践に参加していることはたしかかもしれない。しかし、それだけでは、民主主義的に生じた決定を、当該集団の決定とすることにしたといっても、それは、分配的に普遍的な意味で〔一票でも多ければ、全体の意志となるという意味で〕そうなっているにすぎない。多様な個人の多様な見解が民主主義の規則にしたがって生み出され、論じられる結果として、集団的決定が生じる。複数で多様な意見形成と意志形成のプロセスの結果が、特定の行為へと決定する主権者としての国民の意志の表明ということになる。しかし、こうした考えは個別の異議を無視した集団主義的な解釈によっている。そして、このように主権を物象化し、単数化することによってのみ、国家主権と表裏一体として国民主権があるというような想定が生まれることになる。それによって古典的な国際法の意味で交戦権（*ius ad bellum*）を持ち、それゆえに無制限の、つまり、競争相手となる別の国際法上の主体の決定によってのみ制限されうる行為主体の自由を享受する国家[70]、その意味での国家主権の鏡像であるかのように国民主権が見えて来てしまうのだ。こういう誤解のパースペクティヴから見るならば、国民主権という考えは、国家の外交上の主権に実現していることになる。こうして国家の行動を通じてその市民たちは、おたがいに、そして自分自身を当該の政治的集団の一緒に行動する成員として確認し合うことになってしまう。[71]
なるほど、共和主義的な自由、国民皆兵制とナショナリズムは、おなじフランス革命にその歴史的起源を持っているにはちがいない。とはいえ、内政における民主主義的な自己

(70) 実際には、国家というのはその限界によって国際的に承認されているのであって、決して自由な空間で好き勝手に行動できるものではない。こうした実際の自律的行為なるものの経験的前提をよく考えてみるなら、主体というコンセプトには、どんな場合でもそれと常に結びついていた（そして絶対主義の時代に由来する）意味論上の余剰があることがわかる。そしてこの余剰が、皮肉にも今なお（いかに国際的な相互依存が強まっていても）主権概念に潜んでいるのだ。こうしたコンテクストで考えるのは以下を参照。Neil Walker (Hg.), *Soverignty in Transition*, Oxford: Hart Publishing 2003.
(71) カール・シュミット（『憲法論』）*Verfassungslehre*, Berlin: Duncker & Humblot 1983 [1928], § 17）は、この連関をひっくり返して先鋭な表現で、人民投票型指導者民主主義というように形容している。国家公民はその集団的自己主張にあたって、特に戦争遂行にあたって、生きるか死ぬかの状況に応じて、彼らに民主主義的な参加を許さないが、人民投票的に賛成の態度を可能とするような政治的国制のあり方を肯定することになる。

決定と外に向けた国家主権とのあいだに強固な関連を設定するこうした考え方が多くの人に訴える力があると言っても、これをこうした歴史的コンテクストを越えて一般化してはならない。古典的な国際法で保証されている主権国家の行動の自由は、おなじ自由とは言っても、「自由の法の下での自律」（カント）、つまり、市民たちが憲法国家において用いる自由とは、異なった種類のものなのだ。国家の外交面での主権は、恣意的自由（Willkürfreiheit）というモデルで考えられている。それに対して、国民主権は、民主主義的な普遍化を目指す法に、つまりすべての市民に同じ自由を保証する法に表現されるのだ。「恣意的自由」は、「法としての自由」とは本質的に異なるものなのだ。この理由からして、国家主権を制限して、スプラナショナルな審級にいくつかの主権条項を移譲するからといって、それは必ずしも、民主主義的な市民の権利の剝奪に至る必要はない。この主権の移譲こそは、すでに国民国家の枠内で市民たちが自分たちの自由の源となる国家権力を憲法的に確立した行為を、継続することになるのだ。もちろんその際に、民主主義的な手続きが無傷のまま残されるとしてのはなしだが。

とするならば、国民国家からスプラナショナルな審級に移譲された、あるいは、そうした審級と分かち合うことになる権能は、国際条約にもとづくレジームにおいて法制化されるだけであってはならない。それ以上に、こうした権能は、民主主義的な方法を通じて法制化される必要がある。そうした主権諸項目を移譲する際に、市民たちの国家公民としての自律性《オートノミー》を発揮する余地が狭まるのではないかという危惧があるが、そうしたことが起きないためには、こうしたスプラナショナルな法制定に当該国家の市民が、それ以外の参加各国の市民たちと民主主義的な手続きにしたがって、ともに加わる必要がどうしてもある。(72)もちろんのこと、そうすれば基礎となる参加者の全体は数量的には増大し、また含む領土も拡大するであろう。それにともなってより複雑になることはたしかである。とはいえ、

(72)　このような「強い」条件を私は唱えたい。それによってスプラナショナルな決定手続きに対する正当化要求の度合いを緩めるようないっさいの妥協案を排除したい。民主主義的正当性は、その契機のどれかひとつ（例えば、責任、熟議的正当化、透明性、あるいは法治）によって代替されることはできないのだ。この問題をめぐる議論に関しては以下を参照。Jürgen Neyer, Erik Oddvar Eriksen, Frank Nullmeier, Tanja Pritzlaff in: Rainer Forst/Rainer Schmalz-Bruns (Hg.), *Political Legitimacy and Democracy in Transnational Perspective*, Arena Report Nr. 2/11, Oslo 2011.

意見形成・意志形成のプロセスの質そのものに必ずしも変化が起きる必要はない。したがって、拡大に伴って国民主権の範囲が狭められてしまうことにはならないはずだ。もっともそのためには、社会的および空間的次元における量的変化が、民主主義的手続きそのものを損壊しないことが必要だ。熟議と包摂（Inklusion）が損なわれないことが必要だ。[73]

それゆえに、国民国家以後に成立したさまざまな国際機関による国際的なネットワークが本当に民主化されるためには、国民国家における民主主義で知っているさまざまな構成要素を、正当性を減少させることなく、国民国家とは異なった国際レベルで組み合わせることができねばならない。その点では、目下のところEUはテストを受けているわけで、このテストは多くのことを示唆している。テストされているのは、市民、政治的エリート、そしてマスメディアに、少なくともユーロ圏の範囲内で次の段階の統合の一歩を、つまり、政治的支配の行使の文明化を一歩進める気があるかないか、その意志と能力である。

2　第一の革新。国家権力を重視する人々（Gewaltmonopolisten）の尊重する国民国家の法よりもスプラナショナルな法を優先させる必要がある。

EUが長期的に見て安定するためには、重要な政策の調整に必要なステップを、これまでのような総督型の官僚的なスタイルによるのでなく、十分に民主的なかたちでの法制化を通じて進める必要がある。だが、その際に、国家連合か連邦国家かという概念的両極のあいだで動いているかぎり、あるいは、この対立項をよく考えないままに、無視している

(73) ウィリアム・E・ショイアーマンのような懐疑論者といえどもこの点では、スプラナショナルな制度より小規模な国家の方にいい面があるとする議論に、原理的な重要性を認めていない。これについてはWilliam, E. Scheuerman, »Der Republikanismus der Aufklärung im Zeitalter der Globalisierung«, in: Oliver Eberl (Hg.), *Transnatonalisierung der Volkssouveränität*, a. a. O., S. 251-270. そこには次のようにある。「〔国民国家のような〕小規模空間というのは、国家の領土の適切な規模を直接的に分かりやすい形で定義するような歴史的所与ではかならずしもない。国家の空間は、歴史的に変わりうるものであって、目下の『空間＝時間結合』に服しているだけである」(S. 265)。他方で、大規模な、しかも多様な構成を持った政治的公共圏——とくに現在のアメリカにおけるような(ほとんど)完全に民間経営のメディア状況で——においてコミュニケーション循環〔市民および市民運動のさまざまな議論空間、代表的メディア、国会などの議論が相互に往復運動して意志決定がなされていくプロセスを言い表すハーバーマスの用語〕が体系的に歪められてしまう危険を、軽く見るわけにはいかない。

かぎり、次のステップを進めるにあたってこんがらかったままになる。そこで、ヨーロッパにおけるさまざまな決定において、当面のところどのような正当性が欠けているかを認識するために、まずは、ＥＵがリスボン条約によって民主主義としてどのようなクオリティを獲得したかを評価しておきたい。(74)

この目的のために、私はここで三つの部分に民主主義を分けて考えてみたい。(75) そのどれもが、民主主義的な政治共同体ならば、それぞれの仕方で具体化しているはずのものである。

——一定の空間内で、自由で平等な市民のアソシエーションに結集する法人格から成る共同体の設立。こうした自由で平等な市民たちこそ、そのアソシエーションの成員に私人および国家公民として同等の自律《オートノミー》を保証し、そのための権利を相互に認め合うのだ。

——結集した市民の集団的な行動能力を行政的手段によって維持するために、組織の枠内での担当分担。

——国家公民としての、また超国家的な公民としての連帯のための統合手段。この連帯こそが、共同して行う政治的意志形成と、民主主義的な権力のコミュニケーションによる形成、および支配の正当な行使に不可欠のものとなる。(76)法システム論的に見るならば、通常、最初の二つの構成要素は、憲法の中でも基本権および統治機構に関わる部分で扱われている。それに対して、三つ目は、民主主義的な意志形成のための機能的必要物である「国家公民」としての「国民」に関わっている。つまりは、政治的公共圏のコミュニケーション・コンテクストを作る政治文化的なもろもろの条

(74) Ingolf Pernice, »Verfassungsverbund«, in: Franzius/Mayr/Neyer (Hg.), *Strukturfragen der Europäischen Union*, a. a. O., S. 102-109.

(75) Hauke Brunkhorst, »A polity without a state? European constitutionalism between evolution and revolution«, in: Erik Oddvar Eriksen, John Erik Fossum und Augustin José Menéndez. (Hg.), *Developing a Constitution for Europe*, London: Routledge 2004; ders., »State and constitution: A reply to Scheuerman«, in: *Constellations* 15/2008, S. 493-501.

(76) この三つは、政治という行為システムの構成要素である。この三つとは、法人格による共同体の構築、集合的行為に向けた権力委任、集団としての意志がコミュニケーションを通じて形成されるために共有される生活世界の地平のことである。とはいえ、このコンセプトは、政治学的分析が行為論的な基盤にのみ依拠していればよいというような先取りをするものでは必ずしもない。政治的公共圏は、国家組織のありかたをめぐって社会全体で循環する法の言葉を通じて、社会のそれ以外の機能システムとコミュニケーションを果たすのだ。

件となによりも関わっている。ところで憲法というものは、法というメディアを通じて法と政治を結びつけるものである。それゆえに、法学と政治学のパースペクティヴを分けて考えるためには、以下の区分が重要である。第一の共同体設立という要素のみが、直接的に法の性格を持っている。つまり、市民の社会（Bürgergesellschaft）としての国家は、法というメディアによってはじめて憲法的に構築されるものだからである。民主主義的な正当性の条件を満たす政治的共同体〔国家〕は、法仲間が水平的な立場で共同体を設立するという意味でのアソシエーションの形でしかありえないからである。統治機構に関わる第二の要素は、政治権力の獲得と行使にかかわっている。行政権力（その際、行政システムは、他の社会的機能システムと交換関係にあるのだが）の流れが法によってチャート化されている。第三の要素は、意見形成および意志形成にとって機能として必要な政治文化の背景と関わる。この要素は、法によって前提を与えられるだけであるし、また政治的方策を通じて、よく機能するように援助や奨励をすることができるだけだ。

この三つの要素が、重なり合ってうまくつながるのは、それが統一型の国家であれ、連邦型の国家であれ、ナショナルな次元においてだけである。このような立憲国家において国家権力は、民主的な手続きと、一般法の文法をつうじてのみプログラム化されており、それに依拠して市民たちは自分たちの支配を、立法、行政、司法の諸機関を通じて行使しうるのだ。民主主義的な国家の市民が法にしたがうのは、事実問題として国家が制裁を科すからという理由だけではない。それ以上に、その法が民主的に制定されたものであるからこそ、基本的に「正しい」ものとして受け入れるからなのだ。政治的支配をこのようにして民主主義的に法制化した結果として、暴力の文明化が起きるのだ。それは、国民によって選ばれた行政権力は、たとえそれが、警察や軍隊という常駐の暴力手段を使うとはいえ、憲法と法にしたがわねばならないからである。この「ねばならない」は、事実として行政権力に科された強制手段という意味ではなく、政治文化的なならわしとしての規範的な義務なのである。みかけだけの民主主義でよく行われる軍事的反乱や、経済的な力を持ち社会的に影響力のあるエリートに支えられた権力掌握が起きる事実は、このならわしが自明ではないことを示している。

こうしてみると、すでにナショナルな次元においても、文明化は、支配に服した人々によって（あるいは国民の名前において）正当な手続きを経て制定された法の下に権力を服従させることで、好き勝手な暴力の使用をやめさせることにあることがわかる。もちろん、規範から外れた行動は国家による制裁を受ける。これこそは、実定法の妥当性に含まれた意味である。それでは、この集中化された暴力の持ち主がもし法にしたがわなかった場合には、この国家に制裁を加えるのは誰の役目となるのだろうか？　すでに国民国家においても、法律がそれなりに尊重されるのを推進する国家暴力の所有者たちは、民主的な法にしたがうものとなっている。この点で法を制定し、かつ執行する諸制度は、同じひとつの国家の機関であるが、それと違ってEUの場合には、法制定と法の執行は異なった次元でなされる。一見するとさまざまな連邦制の国家でもこの点は同じに見えるかもしれない。例えばドイツにおける連邦制が取る多次元システムにおいても、連邦法は州の法に優先するが、州の政府は警察権を（連邦軍に対する命令権はないが）保持している。とはいえ、ナショナルな多次元システムとEUの多次元システムのあいだには、決定的な差異がある。

連邦制の国民国家において、憲法改正の権能は通常は連邦にある。EUの多次元システムにおいては、加盟各国の法にEU法が優先するのが習わしになっているとはいえ、EUの諸機関は憲法改正の権能は持っていない。[77]　加盟各国はかつての主権国家のように「条約締結国として条約の主人公」であるというように自分たちのことを安易に考えることはもはやできなくなっているとはいえ、この条約の通常の改正には全加盟国の一致した賛成が必要である。超国家的《スプラナショナル》なこうした政治的共同体は、法共同体として憲法化されて構成され、EU法の拘束力を、たとえ暴力の独占がなくても、また最終決定の権能を保持していなくても維持し続けることになる。このようなアレンジメントを通じて、国家の制裁権と法との関係におけるバランスに変動が生じている。EUは、その立法権と司法権の行使を通じて、加盟各国を執行機関として縛ることになる。その際にこの加盟各国の制裁権をみずから直接に使うことはできなくても大丈夫なのだ。EU法は国民国家の次元で「実行」されねばならないので、国家の暴力の所有者たちは、このEU法の執行の役目を持たされることになる。国家の暴力の核がこのように法的に文明化されていく重要なステップとなる二つの変革のひとつがここにある。これによって超国家的な政治的共同体の憲法がその加盟

(77) Christian Calliess, *Die Neue Europäische Union nach dem Vertrag von Lissabon. Ein Überblick über die Reformen unter Berücksichtigung ihrer Implikationen für das deutsche Recht*, Tübingen: Mohr Siebeck 2010, S. 84f. und S. 352ff.

各国の国家的に組織された暴力から切り離されることになるからだ。

しかし、こうしたEU法の優先ということは、どのように理解したらいいのだろうか？　きわめて革新的な役割を果たしたのが、一九六三年のファン・ヘント・エン・ロース判決[*2]以降のヨーロッパ裁判所のさまざまな判決である。それ以来、ヨーロッパ裁判所は、EU市民を法的に平等に扱うためには、加盟国の具体的な遵法精神が不可欠であるといくども強調してきた。(78)この判決は、ヨーロッパ関係の諸条約によってEUの諸機関とEU市民とのあいだに直接的な法的関係が生まれ、個々の加盟各国の法とは別の自律的な法の次元が作られたという状況からこそ生まれたものだ。他方で、憲法改正権能がEUそのものにはない（一九世紀の言い方で言えば「権能への権能」をもっていない）ということには、新たなヨーロッパ法の次元とナショナルな法の次元をどう考えたらいいのかに関する帰結が当然ある。EUに最終的な決定の能力がない以上、ナショナルな法が事実的にはEU法に服属しているとはいっても、連邦法と州法、あるいは憲法と二次法（Sekundärrecht）といった通常のヒエラルキーで説明することはできない。EU法の優先は、それとは別の論理に従って生じたものである。クラウディオ・フランツィウス[*3]は、機能上の理由に依拠した「優先適用」という言い方をし、[79] アルミン・フォン・ボグダンディ[*4]は、「共通の規範を実現する規制目標を加盟各国に義務づける」ヨーロッパ法の「効力」という表現をしている。[80]

とはいえ、ＥＵの共通法の次元がもしも、個々の国家の法秩序に対して「優先的効力」を持たないとしたら、どのようにしたら共通法の自律性から「優先適用」なるものが根拠づけられることになるのだろうか？ カールスルーエの連邦憲法裁判所ですら、マーストリヒト条約およびリスボン条約に関する判決のなかで、ヨーロッパ次元の法制定に対して個別国家の憲法が留保の権利を持つことにもっぱら固執しているのだから。この二つの判決は決してヨーロッパに好意的とは言えないし、その意味で判決への批判にはそれなりの正当性があるにはちがいない。とはいえ、国民国家の裁判所としては、ＥＵ関係の条約の解釈にあたって、自分たちこそは、それぞれの加盟各国の憲法における民主主義的な法治

(78) Claudio Franzius, *Europäisches Verfassungsrechtsdenken*, Tübingen: Mohr Siebeck 2010, S. 38ff.
(79) Ebd., S. 42.
(80) Armin von Bogdandy, »Grundprinzipien«, in: von Bogdandy/Bast (Hg.), *Europäisches Verfassungsrecht*, a. a. O., S. 13-71, S. 38.

国家の実質の守り手であるという理解をするのは当然であろう。たしかに、こうした加盟各国の裁判所は、国家高権をヨーロッパ次元に移譲できる限界を定める権限はもっていない（この点で連邦憲法裁判所はまちがっている）[81]。しかし、（EU条約第四条第二項から帰結するように）それぞれの加盟国が民主主義を守る法治国家として基本となる憲法上の基本原則の不可侵性を守る権限は持っているからだ。EU次元と加盟国次元の裁判所同士の争い[82]には、各国家の憲法と共通法の相互依存と絡み合いが反映している。このEUの状況をインゴルフ・ペルニスは、「憲法連盟」といった心浮き立つ表現で記述している[83]。とはいえ、権力の独占を主権者として追求する加盟諸国が、そうした諸国に抗して自ら憲法を変える権能は持っていないEUという共同体に服従しているのは、どうしてであるかを説明するためには、先に触れた憲法上の第二の革新をあらかじめ見ておかねばならない。憲法制定プロセスを合理的に再構成する観点から見るならば、ヨーロッパ法に各加盟国が服するという事態は、憲法制定にあたって二つのそれぞれ異なる主体がスプラナショナルな政治的共同体を作るという共通の目的のために協力し合ってきたという事実から生じたものとして理解しうるのだ。

ＥＵによって成立してきた憲法化された政治的共同体は、重なり合う国家権力による支えがなくとも、加盟各国が守らねばならぬ法の立法権という権威を得ることになったのだ。このことを国際法の憲法化という方向で確認しておきたい。ヨーロッパ統合の開始にあたってこうした憲法上の革新がもつ非暴力的な力は、まずはなによりも、この血の滴る大陸の平和的安定という形をとった。その後、この統合は、高次の政治的行為能力を構築しようという苦労となって実現した。政治的にも経済的にも重要性を失いつつあるこの大陸の諸国民は、グローバル化した社会のなかで大国やシステム上の強制力に対応するための一定の政治的な自由裁量の余地を、このようなかたちで取り戻そうとしているのだ。もし

（81） Christoph Schönberger, »Lisbon in Karlsruhe: Maastricht's epigones at sea«, in: *German Law Journal* 10/2009, S. 1201-1218; Daniel Halberstam/Christoph Möllers, »The German constitutional court says ›*Ja zu Deutschland!*‹«, in: *German Law Journal* 10/2009, S. 1241-1258.

（82） この争いをスペインの憲法裁判所は、優先（*primacia*）と上位（*supermachia*）という概念で意味上の区別をすることで解決しようとしている。Vgl. Claudio Franzius, *Europäisches Verfassungsrechtsdenken*, a. a. O., S. 47.

（83） Ingolf Pernice, »Europäisches und nationales Verfassungsrecht«, in: *Veröffentlichungen der Vereinigung der Deutschen Staatsrechtslehrer* 60/2001, S. 149/193.

もこの企てがうまくいくなら、ヨーロッパの諸国民は、彼らの文化的ビオトープを守るためにそうした自由の余地を用いるだけでなく、グローバルな運営能力を苦労しながらより高めるという攻めのためにも使えるだろう。これについては後で触れたい。

3　第二の革新。憲法制定権力を、EU市民とヨーロッパ諸国民のあいだで分担する。

ヨーロッパ市民から成る憲法共同体を、EU加盟各国の国家組織という中核から切り離して考えてみるといいだろう。[84] それとともにいっさいの様相が新たになる。つまり、加盟諸国は国家権力の独占は維持したまま、その高権の定められたいくつかをEUに移譲する。とはいえ、EUとしても、比較的弱い組織要因にのみ依拠することしかできない。欧州委員会が持っている政府としての機能は（一般庶民のイメージでは「モンスター・ブリュッセル」[85] などと言われているが、それと反対で）限定されていて、EU法の「実施」は各国の議会と行政当局に任せたままなのだ。[86] そしてEUそのものは国家という性格は持っていない。それゆえにEU市民も厳密な意味では国家公民というステータスは保持していないことになる。とはいえ、ヨーロッパ諸国民が相互交流の中で次第に信頼しあうようになれば、ＥＵ市民のあいだにトランスナショナルな連帯が、国家公民の間のそれに比べるならば多少とも弱いとはいえ、市民相互の国境を越えた連帯が育ってくるのではなかろうか。こうした期待は十分に可能である。

同じ一人の人間が、「ヨーロッパのどこかの国民」の一人であると同時に、「ＥＵ市民」の一人でもあるということを区別して考えられるようになるならば、つまりこうしたそれなりにかなり大変なことを学習できるならば、それによって、これまで知られていない連邦型の政治共同体ができるが、それを言い表すのに適切な憲法上の法的概念はどんなものとなるのだろうか。これこそ中心的な問いとなる。もちろんのこと、ＥＵは国家連合でも

（84） クリスティアン・カリースは「実質的な憲法理解」という言い方をする。つまり「この理解によって憲法という概念を国家から切り離すのだ」と（*Die neue Europäische Union*, a. a.O., S. 73)。

（85） Hans Magnus Enzensberger, *Sanftes Monster Brüssel oder Die Entmündigung Europas*, Berlin: Suhrkamp 2011.

（86） ここの国家の議会が補完性の原則の守り手となるという歓迎すべき役割については、以下を参照。Calliess, *Die neue Europäische Union*, a. a. O., S. 182ff.

なければ、連邦国家でもないという否定的な物言いは可能だが、それでは十分ではない。リスボン条約は、欧州理事会と閣僚理事会に特別な位置を認めているが、これは、加盟各国がヨーロッパ統合のイニシアティヴをとり、推し進めてきたその歴史的役割を反映したものである。一八世紀、一九世紀の国民国家の憲法と異なって、EU憲法は、政治的エリートの作ったものである。かつては革命的な市民たちが一緒になって旧体制をぶち壊したのだが、今回は、国際法上の条約の助けを借りて、国家群が、つまりは、集合的なアクターが、いくつかの特定の政治分野で協力し合うためにまとまったのである。しかし、国家というアクターが積極的役割を果たした事実にもかかわらず、統一のプロセスが進む過程で、EUの組織において、EU市民が重要な役を果たす方向へといちじるしい変化が生じてきた(87)。

国際条約に依拠した共同体が、期間無限定の政治同盟に変更されたのだ。EU市民というステータスが導入され、ヨーロッパ共通の利害が明白に表明され、EUが独自の法人格として認められるようになった。それとともに、リスボン条約という国際条約も、制憲化された政治的共同体を設立する根拠法となったのだ。「憲法条約」というリスボン条約の名称はドイツのような国民国家としての連邦国家の憲法と違って、ＥＵを、民主主義的な憲法を持ちながらも（そしてそれに応じた正当性も持ちながらも）超国家的な政治共同体として理解してもらいたいという特殊性を示唆したものと言えるかもしれない。また民主主義以前の大昔の国家連合、つまり大昔の〔神聖ローマ帝国のような事実上の国家連合のような〕帝国のあり方や〔古代ギリシアのような〕都市国家の同盟などと共通した超国家的な性格を持っていることもたしかである。しかし、古代の国家同盟とは異なって、ＥＵの構成はいかなる誤解の余地もなく、民主主義の原則に相応したものである。この点では、リスボン条約の九条から一二条までの条文は、これ以上は望めないほど十分に、民主主義的原則を謳っている。[88]

（87）　Vgl. Dazu Jürgen Bett, »Europäische Gesetzgebung: Fünf Stationen in der Verfassungsentwicklung der EU«, in: Franzius/Mayer/Neyer (Hg.), *Strukturfragen der Europäischen Union*, a. a. O., S. 173-180.

（88）　これについてはアルミン・フォン・ボグダンディがはっきり述べている。»Democratic legitimacy of public authority beyond the state – Lessons from the EU for international organizations«, Arbeitspapier (April 2011), オンラインでは https://ssrn.com/abstract=1826326（二〇一一年九月閲覧）。

この独特の組織形態の憲法上の構造を明らかにするためには、この組織つまりEUのこれまでの歴史を目的論的に読み直し、再構成してみるのがいいだろう。実際の経過は多かれ少なかれ歴史的な偶然であるが、それを規則に即して集められた憲法起草委員会が初めからこのようにしようという意図を持って起草したと考えてみるのがいいだろう。例えば北アメリカの例では、一七八七年九月から一七八八年八月にかけて連邦主義者と反連邦主義者のあいだで書簡や論文や演説のかたちでなされたのと似たようなことをEUに関して求めても無駄である。[89] ヨーロッパでは、教養ある素人や知識人のあいだで熱のこもった公共の議論はほとんどなかったといってよい。[90] この点では、きわめて専門的な個別分野の専門家たち、特に法律家たちの議論、またそれ以外には政治学者と社会科学者たちの議論に終始していた感がある。[91] 次のように言うのがフェアであろう。「学者たちのきわめて良質のファンタジーが、EUをどのようにして民主的な方法で発展させたらいいかという努力に注ぎ込まれた。そしてこの努力に公共の議論が脇役で加わるというかたちをとっていた」。[92]

当時の北アメリカと同じで、今回のヨーロッパでも、ヨーロッパに懐疑的で国家を擁護しようとする人々と連邦主義者との争いに火がついたのは、国家高権のいくつかをEUに譲渡することをめぐってであった。しかし独立をめざす北アメリカの旧植民地の各州は移民社会であった。それとは異なってヨーロッパの場合に連邦主義者が対峙しているのは、言語及び文化が異なる多様な国家群であり、なによりも、戦争の試練を経て、歴史的に成立したさまざまな国民国家のいわば第一世代の政治的な独自性への固執である（そしてこうしたもろもろの国民国家は、二〇世紀中になされた福祉国家体制の設計にあたっても、それぞれが随分と異なっている）。そのうえ、北アメリカの統合は、近代国家群から成る体制という条件の下で連邦という形態を実験的に開始したわけだが、ヨーロッパ統合はそ

（89） Bernard Baylin, *The Debate on the Constitution: Federalist and Antifederalist Speeches, Articles, and Letters During the Struggle over Ratification, September 1787-August 1788*, 2 Bde., New York: Library of America 1993.

（90） ヨーロッパ知識人のあいだの議論がそれぞれのナショナルなコンテクストの分断化されていることに関しては以下を参照。Justine Lacroix/Kalypso Nicolaides (Hg.), *European Stories. Intellectual Debates on Europe in National Contexts*, Oxford: Oxford UP 2010.

（91） イギリス、フランスおよびドイツでのヨーロッパをめぐる議論をうまく俯瞰しているのは次の本である。Richard Münch, *Die Konstruktion der Europäischen Gesellschaft. Zur Dialektik von transnationaler Integration und nationaler Desintegration*, Frankfurt am Main: Campus 2008, S. 186-340.

（92） アルミン・フォン・ボグダンディの口頭での表現。

うした始まりの時点に立っているわけではない。今日ではどの連邦体制も〔例えばスイス連邦など〕多かれ少なかれ、国民国家の形態に順応し、合わせている。アメリカも少なくとも第二次大戦以降は、連邦国家となっている。二一世紀初頭の国連は、自らを一九三の国民国家の連合体と理解している。[93] それだけに、EUに関してはジェームズ・マディソンがすでに一七八七年に苦労した問題が一層重要な問題として再来しているのだ。それは次のような問題である。民主的な憲法体制を持った加盟諸国から成る連邦体制というものは、そもそも民主的正当性の条件に適ったものとなりうるのだろうか、その際に、各州となる国民国家の次元を連邦次元にはっきりと服従させずにすむにはどのようにしたらいいのだろうか、というものである。[94]

正当性の問題をマディソンはあくまでも、憲法による合衆国の構築の問題と結びつけている。そして合衆国を創設する各州の合流は全会一致で決めなければならないとし、他方で、合衆国憲法自身は、連邦次元と州次元という二つの次元のあいだでそれぞれの権能を絡み合わせ、かつバランスが取れるようにしなければならない。それによって二つの次元、つまり二つの憲法機関のあいだで争いが起きた時には、どちらが明白に上位にあるといった問題に関わりなく、プラグマチックに争えばいいのだ、というのが、彼の答えであった。最後の決定をくだす機関がどれであるかを規範的に定めることを彼は放棄した。それによって、「われわれ合衆国の人民は」という憲法の最初の文章の「われわれ」が一体誰であるか、つまり、合衆国の市民全体のことなのか、それとも個々の州を構成する人民のことなのかを、明白にしないようにした。マディソンの考えでは、州と連邦とのあいだでの権能をめぐる争いにあたってどちらが重要となるかをバランスよく決めるのは、政治に委ねるべきだというのである。今日こうした考えにつながる人々は、[95] ドイツ国制の歴史でよく知られている国家連合（Staatenbund）か連邦国家（Bundesstaat）かという論争にヨーロッパ論が狭隘化されるのに反対する議論をこのマディソンの考えから取り出している。[96]

(93) カール・シュミットも連邦国家こそは「連邦におけるもろもろのアンチノミーの解決策である」と考えていた（*Verfassungslehre*, a. a. O., S. 375）。

(94) Bernard Baylin, *The Debate of the Constitution*, a. a. O., Bd. 2, January to August 1788, S. 26-32.

(95) Robert Schütze, »On ›federal‹ ground: The European Union as an (inter) national phenomenon«, in: *Common Market Law Review* 46/2009, S. 1069-1105.

(96) Stefan Oeter, »Föderalismus und Demokratie«, a. a. O. またカールスルーエの連邦憲法裁判所が連邦の優位

とはいえ、こういう議論の時にはとかくカール・シュミットの『連邦憲法論』が引き合いに出されがちだが、彼に依拠すると、連邦の民主主義的正当性という問いは回避されてしまう。[97] なぜならシュミットの場合には、「民Volk」が憲法制定権力（konstituierende Gewalt）の担い手となるという規範的問題は排除されているからだ。シュミットはマディソンと異なって、民主主義以前の連邦国家を念頭に置いており、国制としての連邦内部における政治的決定プロセスのみを取り扱っているのだ。

正当性にかかわる我々の関心を引くこの問題に満足のいく解答を得るためには、憲法制定権力がどこにあるかを正しく確認しなければならない。一九九一年のマーストリヒト条約は、その第一条第二項で、「ヨーロッパ諸国民（*Völker*）のより緊密化する連合（Union）」へむけてのスタートの号砲を発した。そしてのちにヨーロッパ憲法条約の第一条第一項は、すでにふたつの憲法制定主体に言及している。それは、ヨーロッパの「市民たち」と「ヨーロッパの諸国家」である。[98] 二〇〇四年の憲法起草委員会の憲法案は通らなかったが、[*5] 現行のリスボン条約では、主権が市民と加盟諸国の間で「分割・共有」されていると考えられる。[99] それは、この憲法条約の改正にあたって欧州議会が（たとえ、限定された形であれ）手続きに参加できるようになっており、さらには、「通常の法制定手続き」においてはこの欧州議会が理事会に同等の憲法機関として対峙する形になっていることだけでも明らかである。

憲法制定主体がこのように市民と諸国家の二つに分かれているということこの新たな要素は、民主主義の理論の観点から見るならば、さらに重要な追加説明をする必要がある。(100) つまり、市民たちは、こうした複数次元を持った政治的共同体の設立に二重の形で参加している、ということである。すなわち、将来のＥＵ市民という役割と、個々の加盟国の国家公民と

を前提としていることへの批判は、クリストフ・シェーンベルガーが、»Lisbon in Karlsruhe: Maastricht's epigones at sea« で提出している（a. a. O.）。

(97) Christoph Schönberger, »Die Europäische Union als Bund«, in: *Archiv des öffentlichen Rechts* 129/2004, S. 81-120.

(98) 「自分たちの未来を共に形成しようという、ヨーロッパの市民と諸国家の意志に促されて、この憲法は、ヨーロッパ連合を創設する。この加盟各国はこのヨーロッパ連合に自分たちの共通の目的を実現するために権能を移譲する」。

(99) Calliess, *Die neue Europäische Union nach dem Vertrag von Lissabon*, a. a. O., S. 71.

(100) この重要な点はペーター・ニーゼンに指摘していただいた。

しての役割である。それゆえにEU憲法は――このふたつの柱のひとつである加盟国の国家公民は、直接に集団から成り立っているという事態にもかかわらず――近代的な法秩序はどれもそうだが、厳格に個人主義的な性格をもっている。つまり、最終的には市民の主観的権利に依拠している。それゆえ、加盟各国でなく、その国民一人一人を、憲法制定のもう一つの主体として認めるのは、より筋の通ったことであろう。「リスボン条約では、民主主義の原則が中心になっている以上、一方で加盟各国の市民、そして他方でEU市民を基礎にしている」[101]。

アンネ・ペータースの驥尾に付して、クラウディオ・フランツィウスも、「ミックスされた憲法制定権力（*pouvoir constituent mixte*）」という言い方をしている[102]。このように憲法の正当性の唯一の根拠は個人としての市民であるという考え方をするならば、間違った方向を避けうるはずだ。つまり、憲法制定の主体として、ジェームズ・マディソンが考えたように、アメリカ合衆国創設の各州の市民を考え、そうした市民が憲法制定過程とともに、合衆国市民という権能を自らに付するというのがひとつの考え方であろう[103]。それに対して、合衆国市民こそが、そのまま将来のアメリカ市民なのであるという考え方がある。しかし、そのどちらを取るかということは先のように考えれば、もう問題ではなくなる。さらに、この二項対立は不幸な二項対立であって、最終決定の権能がどこにあるかの帰結に関する先入見を生むことになる。この問題の解決次第で、脱国家化された連邦的形態をとる政治的共同体がどの程度に民主主義的な性格を持つかが測られるわけだが、先の二項対立より筋の通った解決方式をアルミン・フォン・ボグダンディは次のように示唆している。「理論

(101) Von Bogdandy, »Grundprinzipien«, a. a. O., S. 64. この点に関して、カントとの関係を指摘しているのは興味ぶかい。これについては、カントの『永久平和論』についてのオリヴァー・エーベルとペーター・ニーゼンの以下のコメントを参照されたい。「ところでカントは諸国民の自由という言い方はしているが、諸国家の自由ということは言っていない。[…] つまりカントにとって重要だったのは、諸国民の国法上の自由であって、諸国家の国際法上の自由では必ずしもなかったということである」(*Zum ewigen Frieden*, Berlin: Suhrkamp 2011, S. 166)。

(102) クラウディオ・フランツィウスはこの点に関して次のように述べている。「憲法制定プロセスを担う市民は、国家公民であるとともにEU市民である」(*Europäisches Verfassungsrechtsdenken*, a. a. O., S. 57)。

(103) この意味でインゴルフ・ペルニスは、EUは、「加盟各国の市民たちが共同で高権のいくつかを原初的に譲与したものである」と述べている(»Verfassungsverbund«, a. a. O., S. 106)。そこから次のように彼は結論づけている。「EU市民権というは、EUとその正当性に関連した共通の政治的地位であり、これは、加盟各国の市民たちが国家公民として、EUの憲法を通じて自分たちに付与したものである」(ebd. S. 108)。

的には個人だけを、そしてその個人は（同時に）国家の市民であるとともにＥＵの市民でもあるのだが、そうした個人だけを正当性の唯一の基盤として考える方が、説得的である」[104]。

われわれのシナリオで見れば、憲法制定のプロセスに参加するのは、（将来において）ＥＵ市民であると同時に、その加盟国のどれか一つの市民でもある同じ人々なのである。一人で二つの役を担うこのような形をとることで、憲法制定の主体である市民たちには、自分たちは、欧州議会と理事会を通じた正当化の回路を通じて、それぞれ別の正義のパースペクティヴを取るという意識が生まれるはずである。つまり、ヨーロッパ市民としてのパースペクティヴと、特定の国民国家のメンバーとしてのパースペクティヴである。一つの国民国家の範囲内では市民共通の公益に依拠したものと思われることが、ヨーロッパの次元では、自国の人々のことだけを考えた、部分的利害の一般化へと変じ、ＥＵ市民としての役割によって期待されるヨーロッパ次元の利害の一般化とは利益相反に至ることもありうる。それゆえ憲法制定主体に伴う二重の役割という側面は、このようにして憲法化された政治的共同体の内部で、次のような制度上の意義を獲得する。つまり、ヨーロッパ次元では、市民はＥＵ市民であると同時に個々の国の国家公民として、この二つの役割に同じ重みをもたせながら、判断を作り、政治的な決断をすることが可能となる。一人一人の市民の誰もが、ヨーロッパ次元の意見形成と意志決定のプロセスに参加するのだが、その際に「イエス」も「ノー」も言いうる一人の自律した市民として参加するとともに、ある特定のネーションに属する者としても参加するのである。

4 EUの正当性に必要な基準としての主権の分立（geteilte Souveränität）

「主権の分立」という表現は誤解を呼びやすいことはたしかである。主権者としての国民、つまり「国民に発する」権力（Gewalt）は、民主主義体制の政治的共同体ならばそのどれにおいても、はじめから立法、行政および司法というコミュニケーションの流れへと分岐し、別れているはずだからである。しかし、本論との関連で言っているのは、これとは違う意味での主権の分立である。憲法制定権力の共有ということは、これから設立され

(104) Von Bogdandy, »Grundprinzipien«, a. a. O., S. 64（括弧内の言葉は著者による。J・H)。

ることになる政治的共同体の起源（Ursprung des zu konstituierenden Gemeinwesens）において主権に参画しているのであって、すでに設立された政治的共同体の源（Quelle des konstutuierten〔*Gemeinwesens*〕）にあとから参画するというのではないのだ。たとえば、ＥＵは、連邦国家として複数次元のシステムという性格を分有しているが、それを、ドイツ連邦共和国のような形態であるべきものが不完全な形で実現しているというように考えてはならない。それがどうしてであるかを、この主権の分有という考え方は説明してくれる。国民国家というのは、たとえそれが連邦の形態をとっていようとも、その国の市民の全体によって憲法を定められた存在である。[105] これと反対に、振り返ってみれば、ＥＵの創設というのは、それに参加した市民たちは（あるいはその代表者たちは）初めから二つの人格（*personae*）に分離していたのだというように考えてもいいだろう。そう考えるならば、憲法制定過程にあたってはどんな人も、それぞれヨーロッパ市民としてそれぞれの憲法を持った国の国家公民である自分自身と向き合っていることになる。

もちろんのこと連邦国家にあっても、一般的に見て権能の分割は連邦の憲法上の諸機関への限定された権能授与に由来している。しかしその場合には、一つの国民国家の市民が、自分たちだけが国家全体の憲法制定主体であるとしているかぎり、彼らは連邦が優先することを確定しているだけでなく、憲法改正の権能も（国民投票というかたちで）自分たちに、もしくは連邦の立法機関にあるものとしている。[106]「起源において分割・共有されている」国民主権という考え方は、ヨーロッパ次元ではこのような「権能への権能」が存在しえないことを明らかにしている。憲法制定主体〔複数の主体、つまりヨーロッパ市民一人一人〕は、（将来の）加盟国家の一員として、彼らのすでに憲法によって成立している

(105) もちろんのこと、アメリカ合衆国では一九五五年に至っても、合衆国憲法の第一条第一項で制憲主体とされている「我々人民（we the People）」は、「各州の人々」の総体という意味で、連邦の市民の全体ではないという理解を要求する裁判官もいたことはたしかである。しかし、こうした驚くべき見解は昔ながらのロイヤリティの息の長さを語っているかもしれないが、政治的共同体が憲法共同体として出来上がる次元〔連邦のこと〕とその政治的共同体の内部で構成される次元〔各州のこと〕とを区別する必要を打ち消すものではない。これについては、Schönberger, »Die Europäische Union als Bund«, a. a. O., S. 81ff.

(106) この点は一九九九年のスイスの連邦憲法でも同じことである（一九二から一九四条まで）。憲法前文と第一条第一項によれば、スイス盟約共同体〔スイスの正式名称〕は、「スイス国民および州によって」創設される、とあるにもかかわらずである。連邦の諸機關は優先権（Prärogativen）を享受している（一八四条から一八六条まで）。これによって連邦国家としての権能への権能が示されている。

国々の高権の一部を新たな政治的共同体に移譲する用意を表明しているのはたしかだが、その移譲の用意にはひとつの留保が必ず伴っている。つまり、連邦制の政治的共同体の構成部分であるという通常の保証〔例えば州の解消はありえないという保証など〕をはるかに上まわる留保である。それ以上に、ヨーロッパ諸国民は、憲法制定過程に加わることによって、EUという連邦型の政治的共同体の内部でそれぞれの自分たちの国家が、民主主義的な法治国家としてその市民の自由を保証する機能を維持し続けることを確証しているのだ。

憲法政治学の観点から見れば、個々の加盟諸国において国家権力のコントロールと文明化に関する一定程度の水準が達成されており、その水準をEU憲法は下回ってはならないことは明らかである。そうである以上、個々の国家の憲法裁判所が、EU法の優先適用にたいして慎重な留保をつけるのもわからないというものではない。国民国家の次元で市民の自由に関する保証が実現している状況こそは、EU法がそれに即さねばならない基準であり、それが達成されてはじめて個別国家で適用されるのだ。このように考えてはじめて、加盟諸国の位置が比較的強いのも理解可能となる。この比較的強いという事態は、個別国家が暴力の集中を手元に残しておくことに現れているだけではない。EU法に（とりあえず不均等なまでに）手を出しうる事態にも現れている。面白いのは、以下の二点において連邦国家との違いがさらに浮きだつことである。

アメリカ憲法は第五条における憲法修正規定で、憲法改正にあたっては、各州の特定多数〔州の四分の三の立法機関ないし憲法会議〕の同意が必要とされているが、[107] EU憲法に関する諸条約は、（四八条の通常改正手続きに即して）全加盟諸国の同意が必要と定めている。同じように典型的な形態を取っているのが、加盟国はEU離脱権を持つことで、主権を部分的に持ち続ける点である（EU憲法第五〇条）。EUの創設には、その終わりの期限は定められていない。にもかかわらず、加盟各国はEU加盟以前に持っていたのと同じ幅の主権を取り戻す可能性が開かれている。だが離脱が現実となるまでにはさまざまな事項を守らねばならない。そのことが示しているのは、「法に縛られない恣意的な自由と

(107)　EUおよびアメリカの憲法の発展過程を比較するのは、考え方の間違いを生みやすい。それに対して確認すべきは、アメリカの憲法はこの改正に関する特定多数の規定によって（EU憲法と異なって）合衆国がやがて連邦国家という形態をとる方向への発展がうながされたということである。

しての権能への権能が離脱の」根拠であるわけではないことを示している[108]。というのも、加盟各国がＥＵ加盟にあたって「主権の分有」に合意した以上は、加盟諸国は主権者としての独自の決定権能を自らのもとに留め置くことはできない。

もちろん、それでも疑念は残る。つまり、国民国家を超えたところでの政府を民主的な法制度の下に置くという基準からして、今述べたようにこれまでの正当化とは違う以上、そこにはある種の欠陥がやはり潜んでいて、それが明らかになってくるのではないかという疑念である。この点は私の見解では、ＥＵ市民及びヨーロッパのどれかの国民の一人であるというこの二つの憲法制定主体が立法者としてのいっさいの機能においてまったく同じ権利を持ったパートナーとしていつの日か動けるようになるならば、正当性の欠損はいかなる形でもないものとなるはずだ。彼らはＥＵ市民として、ヨーロッパ次元でも自分たちの国家がＥＵ市民としての自分たちと同じ権利を持ち続ける理由があると考える。それによって主権の分有はそれとして正当化しうるものとなる。国民国家は民主的な法治国家であり、そういうものとして、政治的支配に備わる核としての暴力を文明化するという長い歴史のなかでの役割を果たしてきた。しかし、それだけではない、国民国家は「現存の正義」（ヘーゲル）という永続的な成果であり、またその生きた形態なのである。それゆえEU市民は、それぞれ自分の国民国家が加盟国というその役割の中で、法と自由の守り手というこれまで果たしてきた役割を今後も果たし続けて欲しいと考えるのは当然であろう。国民国家は、守るに値する個々の国民文化の体現者であるだけでなく、それ以上のものなのだ。つまり、市民たちが守り続けて欲しいと正当にも思う一定の正義と自由を保証し守るものなのだ。

とは言いながら、こうした考えを、コミュニタリアニズムの方向に脱線させてはならない。市民たちは自分たちのありかたを文化的に規定している生活形式こそ、自分たちの集団的なアイデンティティの一部であると思い、それを守ることに関心を抱いている。そうした関心はたしかに憲法制定上の重要なひとつの理由でもあるには違いない。しかし、これが国民国家を維持するにあたっての市民たちの決定的な関心であるならば、そうした関

（108） Franzius, *Europäisches Verfassungsrechtsdenken*, a. a. O., S. 134; vgl. auch Schönberger, »Die Europäische Union als Bund«, a. a. O., S. 103.

心は、連邦国家的な制度に依拠したヨーロッパである以上、その枠の中で補完性の原理によって満足させることができるはずだ。連邦国家の枠でならば、下位の国家もしくは州の歴史のなかで出来上がってきた社会文化的な、またそれぞれのお国柄の特性を守るための自律《オートノミー》は、認められている。だが、それは、こうした自律を認められた地域が国家公民の平等な自由の守り手として今なお必要とされているからではない[109]。まさにいざというときに国家公民の平等な自由を保障してくれるがゆえに、ヨーロッパ諸国民は、その憲法制定の権能をＥＵ市民と分かち合うだけにとどめていて、ＥＵ市民の役割だけでこと足れりとすることはないのだ。もしそうなれば、ＥＵ市民としてはせいぜいのところ憲法改定の権能だけが付与されるに過ぎないだろう。

こうした主権の分有こそは、国家の性格を持たず、国民国家の次元を超えた《スプラナショナル》政治的共同体に必要な正当性の基準を提示するものなのだ。しかし、このように見ると、ドイツのような連邦型の国家と異なる側面も正当化できるだけではなく、むしろそれ以上に、現行のＥＵ条約に民主主義がどの点で欠如しているかも明らかにできる。もちろんのこと、欧州議会の選挙は、選挙のトランスナショナル化をもたらし、それに相応した統一的な選挙法制を必要とする。さらにそれ以上に、現存の政党地図がある程度ヨーロッパ規模で同型となることが必要である。[110]だがそれ以上に制度次元でなによりも必要なのは、EU諸国民とEU市民が再構成的に憲法制定主体として同権であると認められるその同権性が、さまざまな役割や法制定の権能においても認められることである。政治に関するどの分野においても、理事会と欧州議会のあいだに権能の均衡が生み出されねばならない。重要な案件を提起する権利を持っている欧州委員会がなんともその位置が定まっていないのも、筋がとおっていない。現状の代わりに欧州委員会は本当のところは――この点ではドイツの連邦

(109) もちろんのこと、アイデンティティ上重要な座標系としてどのようなものを取り、それにどのような憲法上の定義がなされるかは、政治的な問題であり、歴史的に見るならば、社会的および政治的闘争の偶然的な結果にすぎない。Vgl. Christoph Möllers, »Demokratische Ebenengliederung«, in: Ivo Appel, Georg Hermes und Christoph Schönberger (Hg.), *Öffentliches Recht im offenen Staat*, Festschrift für Rainer Wahl, Berlin: Duncker & Humblot 2011, S. 759-778.

(110) これについてはハインリヒ・ベル財団の「連帯と自己主張。二一世紀におけるEUの未来」という企画のためにクラウディオ・フランツィウスとウルリヒ・K・プロイスが行った研究結果(未公開の原稿、二〇一一年)も参照のこと。

政府とは少し形が違って——議会と理事会にひとしく従属すべきものであろう。そしてこの両者に対して責任を負うべきものであろう。まったく枠組みから外れていて目立つのが欧州理事会である。リスボン条約では、憲法上の機関を列挙するにあたってこの欧州理事会は議会の次の二番目の位置に並べられているのだが。[三] 欧州理事会は、各国首脳の政府間交渉を通じての支配の場であり、そういうものとして——すでに閣僚理事会に先んじて——議会の正反対の存在であった。それに対して、EU共通の利害に即した事務管理組織である欧州委員会と欧州理事会との関係は不明確なままである。

欧州理事会は、リーダーとしての機関であり、政治の方針を確定するところである。しかし欧州理事会には、立法権もないし、欧州委員会に対する指示権もない。さらには、欧州理事会には政治的権能が集中しているのに、そこでの決定には事実上、法的効力がないという独特の不均衡がある。とはいいながら、欧州理事会は、条約変更手続きを簡単に行い得るというその権能を通じて、制度的変化を実現しうる。つまり、欧州理事会は、選挙を通じて選ばれた政府の長の集まりという強い正当性を持っているために、たとえその決議は加盟国全部の同意でなければならないとしても、憲法外の次元での強い権能の行使が可能である。「政治主導の機関として欧州理事会は、一九世紀における初期立憲主義のなかでの王の位置と似ていなくもない」[112]。欧州理事会をEUの制度組織の中に組み込むことで、リスボン条約は本来ならばEUの行動能力を強化するはずだった。だが、実際には、その代償は高かった。その代償は影響力のある決定に正当性が欠如していることである。正当性の欠如がよく現われたのが金融危機に関する二〇〇八年以来のさまざまな決定である。つまり、債務超過国家の保証に関して、また通貨同盟一七カ国の政府首脳のグループで、予算に関して条約外の採決をしたその仕方に関して正当性が欠如していたのである。

5　トランスナショナル・デモクラシーに踏み出せない政治エリートの遅疑逡巡

このように見ていくと、憲法規範と憲法の現実との関係が複雑であることが思い起こさ

(111)　Calliess, *Die neue Europäische Union nach dem Vertrag von Lissabon*, a. a. O., S. 118-128.
(112)　Franzius, *Europäisches Verfassungsrechtsdenken*, a. a. O., S. 58. 同じように、Armin von Bogdandy, »Grundprinzipien«, a. a. O., S. 44.

れる。経験的手法をとるような政治学の場合は、現実の権力循環が規範の要請するパターンと多かれ少なかれドラスチックに乖離していることを確認することが多いが、これは時として暴露効果としてたいせつだ。だが、こういう時に上部構造といった考え方で問題をかたづけるのはまちがっている。政治におけるさまざまな動きは、社会的な利害関係や裏での力関係、あるいはシステム機能上の必要性などによる従属変数にすぎないと言いたい向きがあるが、そうではないのだ。むしろ政治の動きは独自の論理を持ったコードにしたがっている。そして、このコードはまた法的な規範枠組みとも絡み合っているのだ。超国家的次元で法と政治を結びつける革新的な憲法規範が多くの場合、学習および適応のプロセスを発動させることで、建設的な先取り効果、新たな動きをもたらす効果を持つのはなぜであるかがわかるというものだ。それゆえ、もしもEUのような超国家的《スプラナショナル》な政治共同体の民主主義に依拠した法制度について、それは国家の暴力を文明化する道でのさらなる一歩であるというように理解したければ、われわれは構築主義的な視線を取らねばならない[113]。

同じ構築主義的パースペクティヴが必要となるのは、EU市民のトランスナショナルな意志決定に必要な政治文化上の高度な条件を社会科学的に分析するときである[114]。これまでわれわれが論じてきたのは、憲法上の三つの要素のうちの二つだけである――いずれにせよ、この三つはヨーロッパ次元で新たな配置をとることになるのだが。なんらかの憲法共同体が個々の国家の組織上の核を超えて拡大し始めるならば、三つ目の要素がこの拡大に伴ってともに伸びねばならない。それは連帯である。つまり、市民たちがおたがいに助け合う用意があることを示す連帯である。加盟各国は依然として暴力の集中装置であるが、そうした国家をなす諸々の国民とEU市民が実効的な連帯を共有し合うためには、国民国家内部の市民同士の連帯にも形式上の変化が必要となる。われわれのシナリオにしたがうならば、拡大した市民の連帯、たとえいくらかでも抽象的になった連帯、そして負担能力が若干でも減少した連帯となるであろうが、そうした連帯といえども、ヨーロッパのそれぞれ別の国々の人々との連帯を含むものとならねばならない。例えばドイツの視点から見

(113) 国際政治における社会構築主義については以下を参照のこと。Bernhard Zangl/Michal Zürn, *Frieden und Krieg. Sicherheit in der nationalen und postnationalen Konstellation*, Frankfurt am Main: Suhrkamp 2003, S. 118-148.
(114) 興味深い研究展望は、ミュンヒが展開している。Richard Münch, *Die Konstruktion der Europäischen Gesellschaft*, a. a. O., S. 68ff.

るならば、ギリシアの人々との連帯である。つまり、ギリシア国民が社会政策的に不均衡な緊縮プログラムを国際的に無理やり押しつけられた場合に彼らと分かち合うべき連帯のことである。このような連帯が可能となってはじめて、ストラスブールの欧州議会を選挙し、コントロールしているEU市民たちは、国境を越えて共通の民主主義的な意志決定に参加しうるのだ。(115)

たしかに、コミュニケーションの網を広げ、価値志向や態度をよりリベラルにし、外からの人々を迎え入れ包摂する用意を高め、シビル・ソサエティにかなったイニシアティヴを強め、それに相応して、これまでの固定した強固なアイデンティティを変化させていく——こうしたことのために、法的＝行政的手段でできることは知れていて、そうした手段ではせいぜいがその方向へと奨励することぐらいしかできないであろう。とはいいながら、一方の政治過程と憲法規範、また他方で共有された政治文化上の態度と信念のあいだには相互循環的な作用が、つまり時にはおたがいに強め合うが、時にはおたがいにストップを掛け合う循環関係が存在しているのだ。「民主主義的な正当性の主体と、民主主義的＝平等主義的な制度設計との共同進化関係」をクリストフ・メラースが論じるのは、このような意味でではないかと私は思っている。メラースに言わせれば、こうした共同の進化によって「民主主義国家の枠組みを超えた次元にさらなる行為権能を与えることが可能となる」というのだ。[116]

政治的共同体とその個々の住民を憲法上どのように定義するかに関して、また多次元的な政治システムの諸段階をどのように定義するかに関して、変えられない「所与」なるものは存在しない。忠誠心は作られていくものであるし、伝統は変化するものだ。また国民国家の国民（Nation）というものも、それ以外の似たような準拠枠のすべてとおなじで、もちろんのこと通常は（旧植民地における国家の場合のように）ただのフィクションというわけではないにしても、自然によって与えられた変更不能の事実ではない。

（115） Jürgen Habermas, »Ist die Herausbildung einer europäischen Identität nötig, und ist sie möglich?«, in: ders., *Der gespaltene Westen*, Frankfurt am Main 2004, S. 68-82〔「ヨーロッパのアイデンティティ構築は必要なのか、また可能なのか」、『引き裂かれた西洋』、前掲書、九五―一一五頁所収〕。

（116） Möllers, »Demokratische Ebenengliederung«, a. a. O., S. 775ff.

一人の市民の政治生活においては、いくつも忠誠の対象が重なり合っている。そのどれがどの程度の重みをもつかは、個人個人によって異なる。出身地方、あるいは自分の住んでいる町、地域、州、あるいは国民（Nation）などなどとの政治的に重要な結びつきがいろいろとあろう。こうした忠誠対象それぞれの重みは、争いのあった場合にのみ明らかになるし、それぞれが天秤にかけて重みが図られることになる。こうした社会的準拠単位をアイデンティティの基準とする程度は、長期的な互酬性に依拠してそれらに犠牲を払う用意がどの程度あるかで決まる。徴兵制の廃止とともに戦争という試練、つまり、国民の幸せのために自分の命を犠牲にするという絶対的要求は、さいわいなことになくなった。しかし、ナショナリズムの長い影は現代にも影を落としている。国家公民同士の連帯を超国家的《スプラナショナル》な連帯へと拡張しうるかどうかは、現在の危機がもたらす希望に依拠して、経済や政治からもその必要を感じ取りながら学習過程を進めうるかどうかにかかっていよう。

このところ、経済的理性の狡智によって、国を越えたコミュニケーションが少なくとも起動している。赤ワイン色のヨーロッパ市民のパスポートを持ったＥＵの選挙民のための潜在的な空間をＥＵの諸制度はすでに生み出している。あとは、現場に応じて拡張し、シビル・ソサエティに即したこうしたコミュニケーションの枠組みを活性化させねばならない。だが、こうした枠組みを密にするには、ナショナルな公共圏をおたがいに開きあい、通じあうようにしなければならない。既存のナショナルな公共圏をトランスナショナルなものにするために、なにか特別なメディアを必要とするわけではない。必要なのは、既成の主導メディアがこれまでと異なった活動をすることである。こうした主導メディアはヨーロッパに関わるさまざまな問題を紹介し、論じるだけではだめで、こうした問題が他の加盟国内部に引き起こす政治的な立場表明や論争についても紹介しなければならない。これまでＥＵは基本的に政治エリートによって担われて来た。そして彼らがもっぱら動かしてきた。そのために危険な不均衡が生じている。不均衡というのは、それぞれの国民が自分たちの政府が遠くのブリュッセルから自分たちのために「分捕ってくる」ものに民主的に関わっている割には、ＥＵ市民がストラスブールの欧州議会の決定に参画することはほとんどないという、この不均衡のことである。

もちろんこのように見たからといって個々の「民族」なるものを実体化していいわけではない。右翼ポピュリズムだけが、民族なる大文字の主体のカリカチュアを描き出している。おたがいに閉じあい、国境を超えた民主主義的意志形成を妨害し合う大文字の民族というわけだ。労働移民が五〇年も続いた後では、ヨーロッパの国民国家の民族といっても、エスニックにも言語的にも、そして宗教的にも多様化していて、もはや文化的に同質的な単位と考えることはできず、そうした考えは幻想にすぎない[117]。そのうえにインターネットとマス・ツーリズムのおかげで国境はずたずたになっている。個々の国家においては、領土内の種々の地域や複雑な状況を越えて共有されている生活世界の流動的地平は、いつも、必ずマスメディアが作るコミュニケーションの枠組みを通じて、シビル・ソサエティに即して意見交換がなされる抽象的な循環過程によって満たされねばならなかった。こうしたことがヨーロッパ大の規模で通常化するためには、おぼろげにでも政治文化が共有されていなければならない。とはいえ、EUの決定が自分たちの日常生活に大きな影響を与えつつあることは、それぞれの国民がますます意識することであり、メディアからもそうした意識が掻き立てられている。それにつれて、みずからもEU市民として民主主義に依拠した自分たちの権利を行使したいという気持ちが増大するであろう。

EUの決定の重みを感じるがゆえに生じるインパクトの規模は、ユーロ危機において強く感じられるようになった。欧州理事会は危機を通じて、特定の国々の国家予算に明らかに不公平な負担をかける決定をいやいやながらでも、せざるをえなかった。二〇〇九年五月八日以降というもの欧州理事会は、一連の救済政策および負債のリスケジューリングの可能性、さらには国家予算、経済政策、金融政策、労働政策、社会政策および教育政策といった競争力の上で重要な分野での相互調整への重要な一歩を踏み出し、これまでの敷居を跨いだことになる。この敷居を乗り越えることで新たな問題、つまり公平な分配に関わる諸問題が生じてきた。つまり「否定的統合」から「積極的統合」への移行であり、それとともにアウトプットさえよければいいという正当化からインプットを重視する正当化へと重点が移ることになる。ということは、国家のしてくれることへの不満が増大するにつれて、市民から見れば、政策や法律のあり方や内容にもっと積極的に関わることが一層重要となってきた。[118] こうした動きの延長として、国民は、負担の再分配が国境を越えて行わ

---

(117) Klaus Eder, »Europäische Öffentlichkeit und multiple Identitäten – das Ende des Volksbegriffs?«, in: Claudio Franzius/Ulrich K. Preuß (Hg.), *Europäische Öffentlichkeit*, Baden-Baden: Nomos 2004, S. 61-80.

れることを認めないわけにはいかなくなるとともに、EU市民という役割において、自分たちの政府首脳が交渉で持ち帰ってくること、あるいは法的なグレーンゾーンで約束して戻ってくることに民主主義に依拠した影響力を行使したくなるはずだ。ところがわれわれが直面しているのは、各国政府のぐずぐずした小手先の対応であり、各国の国民のあいだでは、ヨーロッパというプロジェクトをまるごと拒否するようなポピュリズムに煽られた態度である。こうした自己破壊的な対応が出てくるのは、政治家たちとメディアが、ヨーロッパ共通の未来という考えで国民をまとめるのをためらっているからだ。

金融市場の圧力の下でわかってきたことがある。それは、ユーロを導入するにあたって、憲法プロジェクトの基本となる経済的前提が当時あまり顧みられなかったことだ。EUが金融資本の投機行動に対抗できるためには、すくなくともEUの中核部分、すなわちユーロ加盟諸国のあいだで中期的に経済政策および社会政策における合流に至るような運営能力を維持できなければならない――こうした分析においては皆が一致しているのだ[119]。こうした「協力の強化」は、現在のリスボン条約の枠内では無理であることは、本当のところ誰もがわかっていることだ。ドイツ政府もようやくその気になりつつあるEU次元での

「経済政府」ができるなら、その帰結として、加盟諸国すべての競争力の支援という中心的課題は、単に金融政策や経済政策をはるかに超えて、国家予算にも影響を及ぼすであろうし、それに伴い、個々の国の議会の心臓部にまで変化をもたらすであろう。それゆえ、現行法を勝手に破っていいのでなければ、早急に改革を実行する必要がある。そしてそうした改革は、加盟国からEUへさらにいくつかの権能を委譲することによってしかあり得ない。

こうした認識は政治を論じる中心的メディアにまで広がってきている。例えば『南ドイツ新聞』にはこうある。「危機のゆえにリスボン条約の弱点があきらかになってきた。リスボン条約ではEUは、今後とも経済同盟および通貨同盟として対処しなければならない

(118) Fritz W. Scharpf, *Regieren in Europa: Effektiv und demokratisch?*, Frankfurt am Main: Campus 1999.

(119) ヨーロッパ内部の分化〔例えばユーロ加盟国と非加盟国の分化〕に関しての法的可能性については以下を参照。Daniel Thym, »Variable Geometrie in der Europäischen Union: Kontrollierte Binnendifferenzierung und Schutz vor unionsexterner Gefährdung«, in: Stefan Kadelbach (Hg.), *60 Jahre Integration in Europa. Variable Geometrien und politische Verflechtung jenseits der EU*, Baden-Baden: Nomos 2011, S. 117-135.

挑戦にこたえることはできない」[120]。もちろん、条約改正の壁が高いことはたしかだ。しかも、この壁をなんとかしようという決意が生じるためには、政治エリートがその態度を根本的に変える必要がある。連帯するヨーロッパという考え方を自分たちの国民にわかってもらい、支持をとりつけるためには、これまでのやり方、つまり世論工作と専門家に操られた弥縫策をやめて、幅広い世論形成の場においてなによりも、情熱的な闘争にリスクを覚悟しながら賭けねばならない。しかも、こうした政治指導者たちは、ヨーロッパ全体の共通の利害のために動こうとすれば、自分たちの権力を維持するのに不利なことも覚悟するという逆説を引き受けねばならない。というのも、個々の国家が自由にできる分野は狭くならざるをえないし、国家のお偉方の登場する場面も重要性を失ってくるだろうからだ[121]。二〇一一年七月二二日にアンゲラ・メルケルとニコラ・サルコジは、ドイツの経済自由主義とフランスの国家主導主義（Etatismus）とのあいだの曖昧で、解釈を必要とするにはちがいない妥協の文書に署名したが[*6]、この文書が意図するところは、上に述べたこととはまったく違うものである。いろいろな兆候から見てあきらかなのは、リスボン条約で設定されている統治連邦主義をさらに、欧州理事会という政府間交渉による支配へと拡充する方向へと進もうとしていることである。欧州理事会による中央集権的な操作を通じて可能になるのは、市場の強制命法に従うべしと、個々の国家の予算編成に要求することである。欧州理事会での不透明かつ法的形式を欠いた合意が、それに従わない場合の処罰や圧力という補助手段を使って、個々の加盟国の議会を無視して貫徹され、個々の国家の議会は権能を奪われてしまうことにならざるをえない。このような方式で各国首脳たちは、ヨーロッパというプロジェクトをその正反対のものへと逆転させてしまうことになろう。民主主義的な法制を備えた最初の超国家的《スプラナショナル》な政治組織がこうして、ポスト民主主義の官僚制的支配のためのアレンジメントに過ぎない存在と化すことになろう。

それと反対の可能性は、ＥＵの民主主義的な法制化を徹底的に進めていくことでしかな

(120) Martin Winter, »Reform der Reformen«, in: *Süddeutsche Zeitung* (18. August 2011), S. 4. イギリス人によるリスボン条約改正についての次のような情熱的勧告も参照。Catherine Hoffmann, »Klub der Illusionisten. Ohne gemeinsame Finanzpolitik ist die Krise in Europa nicht zu lösen«, in: *Süddeutsche Zeitung* (3/4. September 2011), S. 23.

(121) 政治化の必要性がとっくに来ていることについては以下を参照。Pieter de Wilde/Michael Zürn, »Somewhere along the line: Can the politicization of European intergration be reversed?«, 未刊行の原稿、二〇一一年。

い。加盟国同士の間に、国境という切り取り線に沿って社会的格差が構造的に定着してしまうならば、ヨーロッパ規模の市民相互の連帯感は生まれないであろう。ドイツの基本法第一〇六条第二項が「均一な生活水準」を国内で要求していることが、EUにおいても保証されねばならない。この「均一性」なるものは、社会的な生活状況の格差に関してのみ、つまり、公平なる分配という観点から認め得る生活状況に関してのみであって、文化的な差異の均一性をめざすものではない。それどころか、「古きヨーロッパ」というビオトープにおける国ごとの多様性や、類を見ない文化的豊かさを、急速に進むグローバル化のなかで画一化から守るためにも、社会政策によって下支えされた政治的統合が必要なのだ。

III　国際的コミュニティからコスモポリタン的コミュニティへ

民主主義的な法制化は国境を越えて文明化の力を持っているという語り《ナラティヴ》がその推進力を得るのは、世界政治における麻痺状況のゆえである。この麻痺状況は、金融市場の力が、いくつかの最強の国民国家のコントロールさえ届かないところに行ってしまっていることになによりもよく現れている。現下の危機にあってこうした金融市場は、公共の福祉を保証する国家に魅力的なオプションを提示する余地をもはや残してくれないようだ。(122) このような状況で、ヨーロッパ諸国は、超国家的な共同体の構築（supranationale Vergemeinschaftung）を通じて、政治における自己運営の能力を部分的に取り戻そうとしているが、この試みは単なるヨーロッパの自己主張を超えた可能性を宿している。それゆえ、私がヨーロッパ統合に向けて提案した語りは、考えの上では世界社会を政治的に憲法化する方向にさらに発展させるべきものとなる。すでに見たようにヨーロッパ次元では、二点における革新が今後の方向を示唆するものとして明らかになった。第一点は、それぞれが権力の独占体である加盟各国がEU法に服するようになったことであり、第二点は、主権が、憲法制定主体としてのヨーロッパ市民と、それぞれの国家の国民に分離共有されていることである。最初の点は、強制的国際法のグローバルな実効性および国連という制度的枠組みのうちにも定着している。第二の点は、世界議会〔改革後の国連総会〕の構成に関するさまざまな提案の非現実的な性格を少しでも消去するものだ。

もちろんのこと、一九四五年以降に起きたこの超国家的《スプラナショナル》な法革命は相互補完的でありながらも、相違があり、われわれとしてはその相違を無視するわけにはいかない。EUという超国家的な政治組織は、伝統的な国家と共通するものを持っている。それは局地主義《パティキュラリズム》である。つまり、国家やEUのような個々の政治的統一体はそれぞれ境界によって隔たれ、社会空間を分けている。それに対して、世界市民相互のコスモポリタン的な結合は――例えば国連といった既存の国際的な国家連合がそうであるように――おたがい共通の内部を分かち合うパースペクティヴしか可能でない。ここには古典的な国際法から世界社会の政治を、憲法に依拠したものへと変える〔世界社会の政治的憲法化（politische Verfassung der Weltgesellschaft)〕というパースペクティヴの変化があるが、これは単なる思弁的な構想といったものではもはやない。社会の現実を見ると、同時代者としての意識にこうしたパースペクティヴの変化が否応なく起きざるをえないのだ。成立しつつある世界社会のもろもろの機能システムが国民国家の限界を突き破って動く度合いが高まるにつれて、これまで想像もできなかったほどの外部コストが発生する。それにともなって新たな規則を作る必要が生じるが、その度合いはこれまでの〔国家を中心とした〕政治的行為能力ではこなしきれないほどのものである。それは経済という部分システムの不均衡や、二〇〇八年の金

(122) 「危機の次の段階」という記事でイエンス・ベッカートとヴォルフガング・シュトレークは、国家債務の危機を克服するために今なお可能そうな四つの戦略の予想されるコストについて論じている。その四つとは、（1）歳出の緊縮、（2）税負担の増加、（3）債務返済の停止と債務削減に関しての債権者との交渉、（4）インフレ政策（In: *Frankfurter Allgemeine Zeitung* [20. August 2011], S. 39)。

融危機以降どんどん加速化し無軌道に荒れ狂う投機についても言えることである。同じようなグローバルな規則の必要性が、環境上の不均衡に関しても、また巨大テクノロジーのリスクに関しても生じている。世界社会のこうしたさまざまな問題と取り組むべきは、今日では個別国家でも、そうした国家の連合体でもなく、単数形の〔世界内〕政治なのだ。

このような諸問題とかかわるに際して、政治はもはや個別的な国民国家の制度的枠組みでは太刀打ちできない。またこういう問題が国境を超えた性格を持っているからといって、政府間交渉で規制をかければすむ対象として見ているだけでは無理である。政治が意図してもたらしたグローバル化の結果として未曾有の創造性と破壊力が発揮されたこの二〇年ないし三〇年を経て、新たに問われているのは、政治と社会の関係そのものなのだ。世界政治のアジェンダはもはや国家間の争いが中心ではなく、新たなテーマによって動かされている。つまり問題は、国際的な争いのポテンシャルをなんとか収めて、結果として、大国相互の――これまでは考えられなかったような――協力関係からグローバルに実効的な規範と手続きが、そしてそれに応じた大きな広がりを持った政治行為のキャパシティが生じうるかどうか、ということである。これまでヨーロッパ統合に関して、戦争しあう諸国家の平和化から、馴致された諸国家の制度化された協力への変化と理解できる発展のリズムが国際法を憲法化するという線で再現しうるだろうか？　以下ではまずは、国連の中核的機能、つまり平和の保障と人権の政治という二つの機能を論じ（1）、次に、世界内政治の喫緊の課題を解決するための制度的アレンジメントはどのようなものとなるかを考えたい（2）。

今日、国連は一九三の加盟国からなるスプラナショナルな組織である。スプラナショナルな組織とナショナルな組織のすり合わせの中から非常に多くの国際機関を備えたトランスナショナルな次元が展開してきた。例えば、WHO（世界保健機構）、ILO（国際労働機関）、UNHCR（国際連合難民高等弁務官事務所）、UNESCO（ユネスコ）などであり、さらにはWTO（世界貿易機関）やIMF（国際通貨基金）や世界銀行のような世界経済に関わる巨大な組織、さらには定期的な「サミット」と称するG8やG20国家群の非公式な政治運営の手段がある。[123]　今なお国民国家に政治的な行為能力が基本的に集中し

(123)　Michael Zürn, »Global governance as multi-level governance«, in: Henrik Enderlein/Sonja Wälti/Michael Zürn (Hg.), *Handbook on Multi-Level Governance*, Cheltenham: Edward Elgar 2010, S. 80-99.

ていることはたしかだが、そうした国民国家だけでは、機能的に分化した世界社会の規制の必要性に対応できない状況である。そのことを前提とするなら、グローバルな次元でもトランスナショナルな次元でも、明らかに欠陥があることがはっきりしてくる。[124]

　国連はそれゆえ、もろもろの国家および市民からなる政治的に憲法化された共同体としてあらたに組織化されねばならない。同時にその活動を平和維持と人権のグローバルな実現という中核機能に限定するのがいいだろう。それに合わせて安全保障理事会と国際司法裁判所などを改革することにより、この二つの中核的課題を平等かつより実効的に果たすための制度的枠組みが可能とならねばならない。他にも必要なことがあるが、それを正すのはさらにむずかしいことだろう。つまり、今後の世界内政治における喫緊の課題を解決するために国際社会に規範的に組み込まれた交渉システムを構築するという課題である。そうした課題とは、エコロジーと気候変動であり、巨大テクノロジーの持つグローバルなリスクであり、金融市場に動かされる資本主義の規制であり、そして何よりも、高度に階層化されてしまった世界社会の貿易システム、労働システム、健康システム、交通システムのうちに見られる〔不公正な〕分配の問題である。こうした制度を作るには目下のところ政治的意志が欠けているが、欠けているのはそれだけではない。グローバルに動きうるアクターすら存在しない。そうしたアクターならば、正当な委託を受けて、取り決めたことを広く実現し得る能力を持ち、代表として選ばれることを通じて（G20はその初歩的形態かもしれないが、実際にはそこにはそうした方向はほとんど見られない）、そうした制度に見合った存在となるのだが、そうした存在は見あたらない。

EUというのはその意味で歴史的に例を見ない存在であり、こうしたEUならば、これからその輪郭をいくつかのキーワードで簡単にスケッチする政治的に憲法化された世界社会にぴったりと適合することと思われる。それどころか、こうした政治的世界秩序は、〔EUにおける〕国家権力の実質的中核を民主主義的に法制化する、その延長上にあると考えることができる。というのも、民主主義的な政治的共同体の三つの基礎の相互関係が、グローバルな次元ではいまいちど変わるであろうからだ。[125]

（124） Jürgen Habermas, »Konstitutionalisierung des Völkerrechts und die Legitimationsprobleme einer verfaßten Weltgesellschaft«, in: ders., *Philosophische Texte*, Bd. 4, Politische Theorie, a. a. O. (2008), S. 402-424).

（125） ハンス・ケルゼンの一元論的な国際法のコンセプトを継承しながら私はグローバルな——もちろん

（1）世界社会の民主的憲法化という目標は――近代の法秩序は主観的権利から汲み上げられているという概念上の理由からして――世界市民の共同体へ向けての立憲化を必要とする。EUを例にして論じてきた憲法制定にあたっての市民と国家のあいだの協力関係という考え方は、現在の国際的な国家共同体〔国連のこと〕を世界市民の共同体を軸にして、コスモポリタン的コミュニティへと完成させる道筋を示している[126]。しかし、こうしたコスモポリタン的コミュニティと言っても、世界共和国のようなものとなるのではない。むしろ、市民と国民の超国家的なアソシエーションとして設立・立憲され、結果として加盟国は正当な権力行使の手段を――もちろん、自由に使用可能な手段としてではないが――保持し続けることができるのだ。世界市民と並んで個々の国民国家は、世界共同体における二番目の憲法制定主体となることになる。というのも、コスモポリタン的市民たちは、自分たちの国家がいっさいのスプラナショナルな次元において憲法制定に参加する役を果たすことに賛同している、あるいは賛同するはずだからである。市民たちはその歴史的に出来上がってきた形態においては、政治的公正を制度としてある程度実現しているわけだ。そうである以上、こうした市民たちが、自分たちの国民国家が、国家より上のそのつどの組織次元において、集団的存在として維持されることを望むのは、当然の根拠のあることだ。

市民の代表と加盟各国の代表で総会を構成すれば、世界市民の立場からの正義のパースペクティヴと個々の国家の市民の立場からのパースペクティヴが競合し合いながら、相互の立場を考えることで釣り合いの取れた妥協が可能となる。世界市民たちは同権にこだわり、平等な分配を重視する平等主義を取るのに対して、国家市民たちは彼らが国家を通じてすでにある程度実現させた自由の維持に固執し、比較的保守的な立場を取るので（彼ら

それ自身として複雑な――法秩序の統一性という考えを前提とする。それにしたがうと、「国家主権」なるものは、国際社会から国家に委託され、かつ義務に従って行使すべき権能というように考えられる。国家はその領土内部において人権を保障する。国連総会のミレニアム宣言においても国家主権の概念は、そのようなものとして使われている。

(126) Daniele Archibugi/David Held (Hg.), *Cosmopolitan Democracy. An Agenda for a New World Order*, Cambridge: Polity Press 1995; Daniele Archibugi, *The Global Coommonwealth of Citizens. Toward Cosmopolitan Democracy*, Princeton/Oxford: Princeton UP 2008; Garrett Wallace Brown/David Held (Hg.), *The Cosmopolitan Reader*, Cambridge: Polity 2010.

は社会国家的なシェアという枠組みの破壊にも抵抗する。なぜならば、そんなことになれば自分たちの福祉水準の部分的な低下となりうるからである)、両者の立場が対峙し合っているのが現状である。このふたつのパースペクティヴの競い合いは、両者の発展の歴史的段差からそれぞれの正当性を引き出しているが、世界内政治はこの段差の存在を、たとえ徐々にそれを克服しなければならないとしても、単純に無視してはならない。世界議会は、なによりも国連憲章の法形成的な解釈者の役割において、このふたつのパースペクティヴを顧慮しなければならないことになろう。

改革後の総会は、国連という組織の中でのいくつかの権能(特に安全保障委員会とグローバルな司法に対する任命とコントロールという権能)と並んで[127]、国連憲章および人権協約そして国際法の拡充においてどうしても守らねばならない最低基準を作り上げることが課題となる。その最低基準は、

——安全保障委員会とグローバルな司法機関による人権政策と平和維持の法的基盤を策定することであり、

——市民に保障すべき基本権の具体化にあたって国民国家を縛ることであり、

――厳しい力の闘争の場であるトランスナショナルな次元において、世界内政治に関わる決定にあたって規範に依拠した限定を課すことである。

国連が、暴力禁止と人権の世界中での実現というその中核的な仕事に注力するならば、この国際機関の二つ目の要素である組織上の核は縮小され、それによってもっと効率よくなるだろう。国連はその基礎的な秩序機能に限定され、かつそれを果たせるように組織し直されることになろう。それは

――暴力禁止をグローバルかつ平等に、そして効率的に実現するという意味での国際平和の防御的維持であり、

――失敗国家の国内秩序の建設的確保であり、

――国家による人権の確保に関するグローバルなコントロールおよび、犯罪的国家からその住民を積極的に守ることであり、

(127) Armin von Bogdandy/Ingo Venzke, »In whose name? An Investigation of international courts' public authority and its democratice justification«, オンラインでは、http//papers. ssrn.com/sol3/papers.cfm?abstract_id=1593543(二〇一一年九月)。

――その際に、人道的見地からの介入にあたっては、持続可能で機能的なインフラの構築を義務づけねばならない。

国連決議を合法的介入の形式で執行しなければならない場合には、人道に関する国際法も、法治国家で普通であるような警察権へと軍事的必要性に相応して発展させねばならない。

国際的な共同体は、自らが国家という性格を持つことはない以上、個々の国家の暴力を独占する者たちが、――国際司法機関によってコントロールされた――安全保障理事会の決議に服さなければ、成り立たない。個々の国家（あるいは地域的な防衛共同体〔NATOなどを指す〕）が、国連のような組織に仕えるということ自体、国家の制裁権と法との関係が、国連次元で変わりはじめていることの表れである。この関係の変化はEUにおいてはすでに終了している。加盟各国はもはや相互に主権を持った国家とは考えずに、国際社会で連帯し合うメンバーであると自分たちのことを考えはじめている。こういう方向に意識が変わりだすとともに、より高次の政治的支配の文明化〔脱暴力化〕が進行すると考えられる。

国連の政治を民主主義の方向で法制化するためにはさらに、この世界議会が、定期的に選挙権を行使する世界市民の意見形成・意志形成によってフィードバックされる必要があるが、これはなかなか実現しそうもないことであろう。市民同士の連帯がさらに流動化し、グローバル次元に拡大するという期待に沿うことにならないであろう経験的な理由は多い。(128) 例えば、世界的公共圏〔国際社会〕が興奮するのはいつも、あれやこれやの大きな事件があった時だけである。国際的に活動するＮＧＯからの情報が流れていても、個々の事件で部分的に燃え上がるだけで、世界的公共圏として安定した構造を持つことはない。もちろんのこと、こうした懐疑は、実際にときたま盛り上がる――カントがすでに彼のコスモポリタン的希望をつないだ――国際公共圏の活動能力が限定されていることに由来するだけではない。さらにはコミュニタリズムに由来する懐疑もある。つまり、国民主権をトラン

(128) Patrizia Nanz/Jens Steffek, »Zivilgesellschaftliche Partizipation und die Demokratisierung internationalen Regierens«, in: Patrizia Nanz/Benjamin Herborth, Anarchie der kommunikativen Freiheit, a. a. O., S. 87-110. ミヒャエル・ツュルンの二次的分析はもう少し元気を与えてくれる。Michael Zürn, »Vier Modelle einer globalen Ordnung in kosmopolitischer Absicht«, in: *Politische Vierteljahrsschrift* I/2011, S. 78/118. 特にS. 100ff.。

スナショナル化するのは無理ではないか、とする疑念である。この疑念は、グローバルな次元との関連で見れば、まったく間違っているわけではない。つまり、世界市民の結合というものは、世界的公共圏のコミュニケーション循環を通じて、共通の政治文化のコンテクストに組み込まれるということはないからである。EUのように領土的に限定され、共通の歴史的経験の刻印を帯びている市民と国家の連合ならば、市民の連帯を頼りにすることができるが、それをトランスナショナルに拡大しても、グローバルな規模となるなら、いわば空転することになろう。

どんな政治的共同体も、たとえそれがいかに大規模であろうと、またいかに多元的なものであろうと、間主観的に共有された政治文化を持ち、それに依拠することで、周囲の環境とは違うものとして自己を認識している。それゆえ民主主義的な選挙では、皆が一緒に行う意見形成・意志形成の結果が出てくるのだ。そして通常は、この意見形成・意志形成のプロセスには、境界によって限定されているがゆえに局地的な共同体の「われわれ」という自己言及が組み込まれている。世界議会の選挙なるものがあるとすれば、それこそは、こうした種類の包摂のプロセスの唯一完全な形となろう。ただ、このプロセスにおいては特定のテーマが不必要となるはずだ。そのテーマとは、自己限定と自己主張である。通常の政治的共同体の選挙戦では、原子力発電所の安全基準がどうあるべきか、教育システム、健康システム、あるいは交通システムの水準がどの程度であるべきかといった共通のエトスに関わる政治問題が論じられるが、こうしたさまざまな政治的問題は、どうしても多少の自己主張の契機と絡み合っている。もちろんのこと、地球上に広がっている人類全体にあって今日生きているすべての世代の総体は、つまり人類全体は、生き延びるために必要な（例えば、エコロジー上の、そして自然資源のバランスへの配慮、あるいは広大な規模の核汚染の回避といった）基本財への抽象的な関心を共有していることはまちがいないであろう。しかし、世界市民というのは、アイデンティティ形成的な生活形式を守ろうという自己主張によってまとまっているような集団ではない。したがって生き延びるために必要な基本財という抽象的な関心が政治的性格を持ちうるのは、それが抽象的でなくなり、特定の生活形式のコンテクストにおいて、他のさまざまな生活形式に備わる異なった利害と競い合うときである。

だが、こうした政治的性格は、コスモポリタン的な共同体が責任を負うべき先の二つの利害（つまり、エコロジー上の、自然資源のバランスへの配慮、あるいは広大な規模の核汚染の回避といった利害）にもあてはまるものだろうか？　また戦争と暴力の回避、基本権の実現といった利害にあっても状況は同じであろうか？　つまり、こうしたものは特に「普遍的な」利害であって、それ自身「非政治的」であり、いっさいの政治文化の相違を越えて、世界中の人々が「シェア」しているもので、それを侵害した場合には、〔政治的理由によってではなく〕もっぱら道徳的な見地から判断されるものなのではなかろうか？我々は普段からして、日常の状況のなかで――いかなる〔集団的な政治的〕自己主張といったニュアンスもなく――見知らぬ他者、つまりおよそ人間の顔をしたい[1]っさいの存在と連帯すべきという感覚[2]をいだくことに慣れているのではなかろうか？　責任を持って行動する人間のすべてというこの道徳的宇宙のみが、つまりカントのいう「目的の王国」のみが完全に包摂的（vollständig inklusiv）なのだ。すなわち、誰も排除されることはない。どんな人でも、その人に加えられる不当な行為は、誰であれその人になされる危害は、我々の道徳的感情を傷つけ、道徳的な怒りを引き起こし、助けなければという気持ちにさせる。道徳的判断はこうした感情に培われている。そしてこの道徳的判断は、おたがいのパースペクティヴを取り合うことによって〔おたがいの立場に立つことによって〕争いを十全に脱中心化されたかたちで見ることになるならば、また関連する人々すべての利害を均一に顧慮することになるならば、合理的な根拠づけが可能となるはずのものである。

だが他方で、われわれは、国連の果たすべき役目を論じるときには、ただ単に道徳の話をするのではなく、法と政治を論じているのだ。法はいつどこであれ、道徳上の分業が必要になるならば、生じてくる。なぜなら、個人的な判断と意図だけでは十分でないからである。[129] ところが興味深いことに、国連が集中すべき政治分野、つまり、暴力の禁止や人権が問題となる分野においてこそまさに、根拠づけとして道徳的根拠で十分である特殊な規範が適用されるのだ。こうした優先的な主観的権利は、その法的形式がなんであれ、もっぱら道徳的内実に依拠しているのだ。なぜなら人権は、普遍主義的道徳の中でもまさに強制法という媒体に翻訳可能な部分をパラフレーズしたものだからである。[130] こう見てくると、

(129) Jürgen Habermas, Faktizität und Geltung, Frankfurt am Main: Suhrkamp 1992, S. 135 ff.
(130) これについては本書の拙稿「人間の尊厳というコンセプトおよび人権という現実的なユートピア」を参照。

われわれの考えに依拠した改革後の国連の枠での決定が政治的というよりも、どちらかといえば法的なものとなることがわかる。そうなるならば、国連という世界議会は、グローバルな公正の背景条件についての議論をすることになろうし、安全保障理事会は、大きな影響力を持つ、基本的に法的な、つまり、司法によるコントロールの可能な決定を下すことになろう。

法的素材と基本的に道徳的な内容の素材に国連が限定されるならば、幸いなことにこの国際組織の正当性への要求そのものが切り下げられることになろう。というのも、公正なる分配という原則および法的に測定可能な人権侵害と攻撃戦争を停止させるという否定的義務は、すべての大きな世界宗教とこうした宗教によって刻印されたすべての文化の道徳的な中核をなしているものだからだ。こうした直感的に皆が知っている規範のゆえに、どんな世界市民も、国連という国際組織のさまざまな機関の仕事について道徳的によく調べた判断を下すことが可能となるのだ。なぜなら国連のこうした諸機関は、それに相応した道徳的な、とはいえ法的に精密化された基準によって、自分たちの決定を正当化しなければならないからである。正当化の必要性が割り引きされ低くなっているこうした状況にあっては、世界市民たちに真に政治的な意味での集団的な意志形成を期待する必要はないだろう。世界議会の選挙は、事前にシェアされている道徳的原則や規範がある以上、それを超国家的に適用することへの基本的に道徳的理由のある「イエス」もしくは「ノー」を表明すればいいだけだろう。

国際機関が活動するグローバルな次元に関してまとめてみよう。国民国家からEUのような地域レジームを経由して国連のような国際組織というグローバル次元まで正当化の連鎖が繋がるには以下のことを前提にすることになろう。

――国際社会が、世界市民の選挙で選ばれた代表を通じて、コスモポリタン的コミュニティに拡大されること。

――国連の権能が秩序維持という中核的な課題、つまり、道徳的内実を持ち、かつ基本的に法的な性質の課題に限定されること。

――すでに穴が空いていて外とつながっている国民国家の公共圏を越えたグローバルな、なによりもデジタル技術で可能になったコミュニケーション・コンテクストによって、世界中の人々が、国連次元でなされる決定の、道徳に関わる中核的内実について根拠ある判断ができること。

（2）とはいいながら、今述べてきた正当性の連鎖は、国連における安全保障上重要な課題だけに関してのことである。狭い意味で政治的な、特に分配政策上重要な世界内政上の問題から国連を解放することには、負の側面もある。[131] 我々のデザインに従うならば、グローバルに行動しうるいくつかの主体（つまり、スプラナショナルな連合によって構築され、理想的には国際社会を隙間なく代表する「生来の」いくつかの大国）がトランスナショナルな次元での交渉により様々な妥協を達成せねばならない。ところが、当該の交渉システムが古典的な国際法上の条約に依拠しているかぎりは、ＥＵのようなスタイルの民主主義的な法制化になじまないものとなる。これが負の側面である。古典的な国際法によれば、政府が外交問題に関して国際条約締結にあたって持ついくつかの優先特権（Prärogative）は、国会が監視する内政などに比べて、民主主義的参加や正当化を必要とする度合いがはるかに少ない。[132] ここでの正当性は弱く、せいぜいが間接的なものであり、ちょっと目に見たところ、トランスナショナルな交渉でなされる世界内政もこうした弱く、間接的な正当性しかないように見える。だが、もしも民主主義的な正当性の連鎖がここで切れてしまうならば、先ほどから提案してきたデザインは、その約束を果たせていないことになる。つまり、国際法や国家法のあいだのいっさいの敷居を平準化するグローバルな全体的法秩序の統一性を作るという約束を果たせていないことになる。

このままだと、完成したEUと比べてみればわかることだが、どうしても正当性に弱さがあることになる。すなわち、世界内政治といっても、世界議会が直接に加わることなく、グローバル・プレーヤー、すなわち大国たちの交渉に委ねられてしまい、「通常の立法手続き」と似たかたちで世界市民を代表する世界議会が加盟諸国と一緒に同時に対応するべきものではなくなってしまう。このことが正当性の弱さの理由である。とはいえ、われわれのモデルにおいても、世界内政治を委ねることになるグローバル・プレーヤー相互のトランスナショナルな関係は、伝統的な国際法のやり方にしたがったままだというわけにはいかないだろう。というのも先ほどから提案しているデザインの要点は以下の点にあるか

(131)「技術的な」つまり、分配政策上それほど重要でないさまざまな問題に関して各国の政策を調整する種々の国際組織があるが、そうした重要な分野についてはここでは論じない。

(132) Vgl. Christoph Möllers, *Die drei Gewalten*, a. a. O., S. 155ff.

らである。すなわち、国家と国家連合の彼岸における政治過程は、二つの異なった政治分野に分けられ、それに相応したふたつの正当化の流れに分岐するはずだからである。それにしたがえば、グローバルな安全保障政策と人権政治は、国連のような国際組織の担当、しかも、その担当の政治分野においてそれほど必要性のない正当化の要求がおおよそ満足させられればいいようなかたちに構成されている国際組織の担当となるからである。こうした階層化された担当枠からは、世界内政治の分配政策に関する課題は外れることになる。こうした課題は、トランスナショナルな交渉システムに割り振られる。この交渉による決定の正当性はもっと弱くなることは確かだが、だからといって、国際的な権力関係のゲームにもっぱら委ねられるというものでもないだろう。

なぜなら、こうした、いわば水平方向の広がりが押さえられた政治過程といえども、憲法化された国際社会のコンテクストに組み込まれているはずだからである。しかもそれは、国連がトランスナショナルな交渉委員会〔安全保障理事会など〕での実際の勢力均衡を——そしてどの国も適切に代表されていることを——見張っているからだけではない。それよりも重要な理由が二点ある。第一には、トランスナショナルな交渉をする国々は、グローバルな次元で、自分たちが協力して作る平和と人権の政治のために軍隊を維持しており、その点で自らをコスモポリタン的共同体の一員として見ざるをえないという点にある。それだけに――そしてこれが第二点だが――人権が定めている保護義務の水準を国連の世界議会が絶えず現状に合わせて調整し、その調整した最低水準の枠の中でこのトランスナショナルな交渉は進行せざるをえないからである。

　もっともこのように議論したからといって、将来の世界内政治における民主主義的な法制化の連鎖における亀裂を完全に閉じるには不十分なことはたしかである。だが、この亀裂は地球上あまねく「均一な生活水準」[*3]を確保するという困難な条件は当面のところ満たすことができない、という歴史的な理由から説明できる。この状況はもっぱら道徳的に評価すべきではなく、政治的に評価する必要がある。そのためには、国連が時間という次元を考えに織り込み、社会的により公正な秩序を中期的には作り上げるという義務を世界内政治が課すようになる必要がある。そうなったならば、ただ道徳的にではなく、政治的に評価すべき、ということである。今日階層化された世界社会では、生きていくための基本的な資源や将来の機会が、我慢できないほど不公平に分配されている。[133] こうした奇怪な不公平を見れば、少しでも道徳的感情を抱くものならば、激しい違和感を覚えるはずである。だが、政治的支配の行使にあたっての文明化〔暴力の不使用〕に向けた世界秩序を、どんなにはるか先まで見通したデザインであろうとも、各地域ごとの発展の歴史的な非同時性と、それに相応した多系的近代化（multiple modernities）のあいだの社会経済的格差をすぐに除去できるものではないことは、頭に入れておかねばならないだろう。

今日、国際政治上の国々の重みに経済に由来する変化が起きている。そのためにまさに二〇〇八年の金融危機に際して、先進工業国のクラブ〔G7〕をG20へ拡大せざるを得なくなった。このステップはとっくに行う時期が来ていたのだが、それとともに、金融危機の破壊的圧力が依然として続くなかで、未来の世界内政治におけるどのみち避けがたいさまざまな問題を各国で論じうるかたちになるための制度をつくり、手続きを設定できるようにしなければならない。重要な経済的かつ社会的な構造のあり方について判断をし、既存の制度やこれまでやってきたやり方に対してもっと「グローバルな正義」という考え方を突きつけ得ることが肝要である。そのためにこうした問題に光を当てる道徳的な基準が欠如しているわけではない。(134) 正義をめぐる哲学的な議論は目下のところ何の影響力もない。

それが学者仲間の議論に終わることなく、世界議会のなかで行われるようになってはじめて政治的意義を持つようになるだろう。つまり、国家と市民から構成される世界議会であることこそが、正義にとって重要な時間的契機にも対応可能となるのだ。そうすれば今日すでにＥＵで行われているように、世界コミュニティにおいても（もちろん時間の地平は異なるが）、憲法制定に関わる二つの主体——世界市民たちという平等な基準および、とりあえずは、発展の度合いによって区別された加盟各国という保守的な基準——の正義のパースペクティヴは、政治的意志にもとづいて生活水準が実際に接近しあうなら、そのプロセスの中で相互に次第に近づくことになろう。

(133) David Held/Ayse Kaya (Hg.), *Global Inequality, Patterns and Explanations*, Cambridge: Polity Press 2007.
(134) Thomas Pogge (Hg.), *Global Justice*, Oxford: Blackwell 2001; Amartya Sen, *Die Idee der Gerechtigkeit*, München: C. H. Beck 2010.

補遺——ドイツ連邦共和国のヨーロッパ

（I）トーマス・アスホイヤーとのインタビューは、リーマン・ブラザーズの破綻後、バラク・オバマが合衆国大統領に選出されるその数日前〔二〇〇八年一一月〕に、オバマ大統領が誕生するという期待と大きな希望のもとで行われた。ここにはすでに、ヨーロッパ憲法をめぐるこの本で、私が取り上げ詳説することになったモチーフが打ち出されている。金融危機が勃発した当時、アンゲラ・メルケルとペア・シュタインブリュック[*1]は、パリでの重要な会合において、ニコラ・サルコジとジャン＝クロード・ユンケル[*2]が提示した、EMU（欧州通貨連盟）諸国でヨーロッパ共同の措置を取ろうという呼びかけに抵抗していた。[*3]ここには、ナショナルな単独主義的反応の雛型が、すでにあきらかにあらわれていた。

（Ⅱ）それに続く『ツァイト』紙に寄せた論考は、二〇一〇年五月七日から八日にかけてのかの歴史的な深夜会議への応答として執筆された。[*4] アンゲラ・メルケルはこの会議で、金融市場の大きな力に取り込まれてしまった。過大な借金を負わされたギリシャの不可避な救済と、国内政治的な些事（いずれにせよ敗れたノルトライン・ヴェストファーレンの州議会選挙）への日和見的な配慮のバランスを見誤り、何週間も躊躇してから、一層出費のかさむ市場の命令に、意気消沈して屈服しなければならなかったのである。私はそのときはじめて、ヨーロッパというプロジェクトが失敗に終わる可能性を、現実のものとして考えるようになった。

（Ⅲ）最後は、ブリュッセルにおける「ヨーロッパ協約」の決定と、バーデン・ヴュルテンベルクの州議会選挙における黒黄連立[*5]の敗北が偶然重なったことを機に『南ドイツ新聞』に自分の意見を発表したものである。ここで私は、閉ざされた密室で行われた欧州理事会の不透明な支配と、不協和音を立てながら広い影響力を持った原発反対の社会運動における民主主義の勝利とを対照させた。というのも、連邦政府の原子力政策をめぐる華々しい方向転換の陰で、音もなく行われたヨーロッパ政治上の転換の重大な意義が、その当時しっかりと受け止められていなかったからである。連邦政府は、自動の「メカニズム」が絶対確実な効果を上げるという経済政策的な信仰に別れを告げ、ユーロ・クラブのリーダーたちが背後で画策する政治化された政府間交渉主義へと、路線変更の舵を切ったのである。

I　破綻のあとで[*1]——インタビュー

ツァイト——ハーバーマスさん、国際金融システムは破綻しました。世界経済恐慌の恐れがあります。あなたとしてなにが一番気にかかっておられますか。

ハーバーマス——最も気になるのは、あまりにも酷い社会的不公平です。システム破綻のコストを社会が支払わせられることで、最も脆い社会的ブループが一番ひどい目にあうわけですから。金融システムの機能障害はあらかじめ予測できたことであったのに、その結果として実体経済が悪化したつけを、ただでさえグローバル化の勝ち組には属していない大衆が、ここでもう一度支払わされるはめになるのです。しかもその支払いは、株式所有者たちのように数字上の決済ではなく、日々の生活という厳しい現金、文字通りのハード・カレンシーでの支払いなのです。世界全体で見ても、この運命刑に襲われるのは、経済的に最も弱い国々です。まさに政治的スキャンダルです。とはいえ、今、スケープゴートを探して指弾するのは、偽善そのものだと思います。なぜなら、投機家たちもまた法の枠内で、利益の最大化という社会的に認められた論理にひたすらしたがってきたのですから。政治は、デモクラシーに依拠した立法者が作る強制法に依拠すべきなのに、それをしないで、ただ道徳を振りかざすのでは、お笑い草もいいところです。公共の福祉を重視し、それにしたがって動くのは政治の役目であって、資本主義が担当することではないのですから。

ツァイト——ハーバーマスさんは、ちょうどイェール大学で講義をしてドイツに帰ってこられたばかりですが、アメリカで最も強く印象に残ったこの危機のイメージはどんなものでしょうか?

ハーバーマス——テレビ画面には、フロリダかどこかでしょうが、明け渡された家々の画像がエンドレス・テープのように、えんえんと流れていました。前庭には Foreclosure〔差し押さえ物件」という札が立てられていて、まるでエドワード・ホッパー[*2]の陰鬱な絵のようでした。その次のシーンは、そうした家を買おうかと好奇心満々でヨーロッパからやってきた人々、またラテン・アメリカの金持ちを乗せたバスの到着です。さらには不動産業者が、こうしたお客さんたちに、寝室のつくりつけの戸棚が壊れているのを見せています。前の持ち主がやけくそになってぶちこわしたのです。ドイツに戻ってみると、こちらでは落ち着いていて、通常どおりの仕事が続いている感じで、興奮状態のアメリカの雰囲気とだいぶ違うのにおどろきました。アメリカでは、きわめて現実的な経済的な不安感と、今後に影響の大きい選挙戦の終盤の熱気が混じりあっていました。危機のおかげで、広汎な層の選挙民が、自分たちの個人的な利害をこれまでよりもはっきりと意識するようになりました。選挙民が危機のゆえにこれまでよりも理性的な決定をするようになるというわけではは必ずしもありませんが、少なくともこれまでより合理的な決定をせざるを得なくなっていました。いずれにしても、九月一一日によってイデオロギー的に煽られた前回の選挙と較べるなら、確実にそう言えるでしょう。経済危機と選挙の終盤とが偶然重なったおかげで、アメリカは、選挙直前の時点でも思い切って言いますが、はじめて黒人の大統領を持つことになるでしょう。そしてこれは、アメリカの政治文化の歴史における深い切れ目となるでしょう。さらに言えば、この危機はヨーロッパでも、政治の潮目の変化をもたらすかもしれません。

ツァイト――潮目の変化という意味をもう少し説明していただけますか？

ハーバーマス――こうした潮目の交替は、公共の議論のパラメーターを変えます。それとともに、どのような政治的対案が可能かという幅も変化します。朝鮮戦争とともにニューディール政策の時代が終わりました。レーガン、サッチャー、そして冷戦の解消がはじまるとともに、社会福祉国家というプログラムの時代が終わりました。そして今日、ブッシュ時代が終わり、ネオリベラルの大言壮語の吹き出しが泡のようにはじけると、クリントンおよびニュー・レイバー〔イギリスのブレア政権。労働党〕の綱領も命脈が尽きました。それでは代わりになにが来るでしょうか。私が望むのは、ネオリベラルの綱領が、額面通り受け取られなくなり、ともかくいったん看板を下ろさせて考え直そう、という風になることです。生活世界を、なりふりかまわず市場の指示に服従させようというプログラムは、考え直す必要があります。

ツァイト――ネオリベラルにとっては、国家といえども経済のグラウンドでのゲームの一参加者にしかすぎません。国家は小さくなった方がいいというのですが、こうした考え方は、もはや信用されなくなったということでしょうか？

ハーバーマス――それは、危機のこれからの進行しだいです。また各政党がどのように危機を受け取るかによります。そして、公共の議論がどのように論じるかにかかっています。ドイツではまだなんとも言えない議論の無風状態です。ともかく一連の政策が醜態をさらしたのです。たとえば、投資家の利害をなにがなんでも中心にしようという考え、そして社会的不平等が拡大しても平気でいられ、不安定雇用者層《プレカリアート》の発生も、貧困児童、低賃金などなども仕方ないと見ていられるような物の考え方は、顰蹙を買うようになっています。あきれられているというその点では、民営化に狂奔して、国家の中心的な機能まで空洞化させるやり方も同じです。また、政治的公共圏で当面の利害を離れて論議できるわずかに残る拠点までも、配当性向の上昇を企図する金融投資家に売り飛ばしたり[*3]、文化や教育を、景気に応じて対応の変わるスポンサーの利害や気分に委ねてしまうやり方も、その馬脚を露わしています。

ツァイト――それでは、今回の金融危機で、民営化に狂奔した結果がはっきり見えるようになってきたということでしょうか？

ハーバーマス――アメリカではブッシュが徹底して押し進めた脱－国営化による実害が経済、道徳、そして社会や文化の各面で、すでに今でもはっきり見えています。そしてそれが今回の危機によってさらに先鋭化しています。年金保険や健康保険、公共交通、エネルギー供給、刑務所、軍事的安全保障に伴う仕事、学校教育や大学教育に関わる広い分野――こうした分野の民営化、そのうえに、市町村の文化的インフラを民間の篤志家の熱意や太っ腹に委ねるやり方、これらいっさいを含む社会のデザインは、それに伴うリスクや、それが引き起こすさまざまな帰結を考えると、社会的かつ民主主義的な法治国家が持つ平等主義の原則とは合わないものです。

ツァイト――でも国の役所というのは、経済的に能率よく動くことのできないものですが。

ハーバーマス――しかし、証券取引のリスクに曝してはいけない傷つきやすい生活分野もあるのです。例えば、老齢年金を株に委ねることなど、してはならないことなのです。それ以外にも、民主主義的な立憲国家にあっては、たとえば政治的コミュニケーションを歪めるわけにはいきません。こうした公共財は、金融投資家の配当期待などに合わせるわけにはいかないのです。主権者たる市民〔Staatsbürger. 国家公民〕の情報に対する欲求は、全国ネットの民間テレビで横行する消費用に作られたつまみ食い文化で満足させられるようなものではないのです。

ツァイト——ハーバーマスさんの大分論争の的になった御著書を引かせていただければ、今問題になっているのは「資本主義の正当性の危機[*4]」ということでしょうか?

ハーバーマス——一九八九年/九〇年以降は、資本主義の宇宙からの脱出ということは考えられません。あり得るのはただ、資本主義のダイナミズムを内側から馴致し、文明化することだけです。すでに戦後の時代にあっても、西ヨーロッパ左翼の大多数にとって、ソ連は、対案としての意味は持ち得ませんでした。それゆえ私は、一九七三年の本では、資本主義「における」正当性の問題という言い方をしたのです。そして、今またしてもこの正当性の問題が、それぞれ個々の国々の事情によって緊迫度に違いはあるというものの、論じられなければならなくなっています。その兆しは例えば、重役の給料に限界をもうけるべきとの議論ですし、また黄金のパラシュート、つまり、途方もない退職金やボーナスの廃止を求める声です。

ツァイト――でも、そうした議論は、政治がいい格好しているだけではないでしょうか。なんといっても来年は国政選挙[*5]ですから。

ハーバーマス――もちろん、これは象徴政治です。そして政治家やその経済顧問たちの大失敗から目をそらしてもらうためのものです。彼らはもう大分前から、金融市場に規制が必要なことについては、分かっていたのです。私は今ちょうど、ヘルムート・シュミットが二〇〇七年二月の『ツァイト』紙に書いた「新型の大投機家たちを取り締まれ！」という明解そのものの記事を読み直したところです（『ツァイト』紙、二〇〇七年六号）。みんな分かっていたのです。ところがアメリカとイギリスの政治指導者たちは、野放図な投機であっても、うまく行っているかぎりは、利用できると考えていたのです。そしてヨーロッパ大陸でも、ワシントン・コンセンサスに服してしまいました。なにしろヨーロッパでも、有志連合[*6]は結構広汎に広がっていて、ラムズフェルド氏が一生懸命に勧誘しなくても大丈夫なほどでしたから。

ツァイト――ワシントン・コンセンサスとは、一九九〇年に国際通貨基金（ＩＭＦ）と世界銀行が打ち出した有名かつ悪名高い経済構想のことですね。まずはラテン・アメリカの、そしてそのあとは世界の半分を思いどおりに改革しようというものですね。その中心テーゼはいわゆるトリクル・ダウン説です。つまり、金持ちをもっと豊かにしようではないか。そうすれば豊かな生活からのおこぼれが貧者のところにもまわってくるようになる、というわけです。

ハーバーマス――この予測は間違っていることを示す経験的データが何年も前から沢山出ています。生活水準の向上は、ひとつの国の中でも、また世界全体でもきわめて不均衡に配分されています。現在では、貧困地区が、われわれのすぐ目の前にまで広がっているのが実情です。

ツァイト――ちょっと過去の確認をしたいのですが、なぜ豊かさはこれほど不均衡になってしまったのでしょうか？　共産主義の脅威が終わったために、資本主義の暴走がはじまったのでしょうか？

ハーバーマス――ケインズ型経済政策によって囲い込まれ、国民国家の枠内で統治される資本主義は、ＯＥＣＤ加盟諸国に歴史的に見て例のない高水準の生活をもたらしましたが、この型の資本主義は、〔為替レートの〕固定相場制の放棄〔一九七三年〕と石油危機によって早くに終わってしまいました。シカゴ学派の経済学説はすでにレーガンとサッチャーの下で、現実の暴力と化していました。そしてこれはクリントンおよびニュー・レイバーの下でもそのまま継続しただけでした。ついでに言えば、金融システムの改革案を出したためにヨーロッパで最近英雄視されているゴードン・ブラウン〔ブレア政権の財務大臣。二〇〇七年ブレアの後任でイギリス首相となる〕もその時代に大臣をしていたのです。とはいいながら、ソ連の崩壊で西側が勝ち誇り、驕りたかぶってしまったことはたしかです。これが致命的でした。世界史のなかで自分たちが正しかったのだ、という気持ちは、結果として誘惑の力を強めてしまいました。こうして一個の経済学説であったものが、世界観にまで膨れ上がり、生活のあらゆる領域に浸透してしまったのです。

ツァイト――ネオリベラリズムというのは、ひとつの生活のあり方ですね。市民一人一人が、起業家に、そして顧客になれというのですから……

ハーバーマス――そして競争相手になれというわけです。この競争社会の広大な荒野で勝ち残った強者は、成功は個人的能力の成果であると自惚れてかまわないと言うわけです。

経済マネジャーたちは――本当は彼らだけではないのですが――テレビのトークショーで有名人たちのおだてに乗って、自分が模範的な目標であるかのようにもてはやされるのを本気で受け入れ、自分たち以外の社会を心のなかで下に見ています。そうしたさまはなんともぞっとする喜劇です。機能エリートと、身分が違うとぶっているエリートの区別がもうできなくなっているみたいです。トップの役職にあって自分の仕事をまあまあ普通にこなしている人間のキャラクターのなにが、いったいぜんたい模範的だというのでしょうか？　もうひとつ警告になったのが、二〇〇二年のブッシュ・ドクトリンです。イラク侵攻の下敷になったドクトリンです。このドクトリン以来というもの、市場原理主義という社会ダーウィニズムは、社会政策の分野だけでなく、外交政策においてもその力を振るうようになったのです。

ツァイト――しかしそれはブッシュだけではありませんでしたね。彼の味方をする影響力のある知識人が驚くほど沢山いました。

ハーバーマス――しかも彼らの多くはなにも学んでいません。ロバート・ケーガンのような先導者にあっては、イラクの大失敗のあと、カール・シュミット型のオオカミのカテゴリーを使った物の考え方が、さらにはっきり前面に出てきています。国際政治が、核武装を伴う危険きわまりないカのぶつかりあいへと後戻りしているさまを見て、「世界はまた正常状態になった」とコメントする始末ですから。

ツァイト――ところで、もう一度戻りたいのですが、一九八九年にするべきだったのに、しなかったことがあるとしたら、それはなんでしょうか。資本が政治に対してあまりに強くなりすぎたのでしょうか？

ハーバーマス――九〇年代に私にはっきりわかってきたことがあります。それは、市場が国家を越えて伸びて行く変化に、政治的行為能力がスプラナショナルな次元で追いついて伸びて行かなければならない、ということです。九〇年代初頭にはその方向に向かうかのようにとりあえずは見えました。父親のブッシュ大統領は、世界新秩序という言い方をしていましたし、そのうえに、長いこと機能停止に追いやられ、軽蔑的に見られていた国連を使おうとしているようにすら見えました。安全保障理事会の決議による人道的介入は飛躍的にその数が増えました。政治が意図した経済のグローバル化を追って、世界全体にまたがる政治的協調関係が、そして国際関係のさらなる法制化が進むべきでした。しかし、この最初から二律背反的なもくろみは、すでにクリントンの時に中断してしまいました。この点が足りなかったことは、現在の危機によって、いっそう強く意識されるようになっています。近代の初頭以来、政治的共同体のメンバー間の連帯関係の網が切れないようにするために、市場と政治とのバランスをそのつど新たにとる必要がなんどもなんども生じてきました。市場と政治がそれぞれ依拠している原則は正反対なので、資本主義と民主主義のあいだの緊張関係は、やむことがありません。近年のグローバル化の圧力の後でも複雑化したネットワークのなかで解放され脱中心化された機会決定の流れは、規制を必要としています。そしてこの規制は、利害の普遍化という政治的手続きを事態に応じて拡大していかない限り、作り出すことはできません。

ツァイト――でも、そんなことに意味があるのでしょうか？　ハーバーマスさんは、カントのコスモポリティズムに固執しておられます。その上で、カール・フリードリヒ・ヴァイツゼッカーの表現である「世界内政」という考え方を用いておられます。でも、言わせていただけば、そんな話はかなり幻想に聞こえますが。国連の現状を見ただけでもわかるはずです。

ハーバーマス——もちろん、国連の中心的な制度が根本的に改革されたとしても、世界内政にはまだ不足です。たしかに、安全保障理事会、国連事務局、いくつかの国際裁判所、こうしたもろもろの制度の権能や内部の手続きも緊急に変える必要があります。暴力禁止と人権擁護をグローバルに実現するためにです。これだけでも、大変な仕事です。しかし、仮に国連憲章を、国際社会における一種の憲法にまで発展させることができたとしても、この枠組みでは、軍事力を背景にした強国相互の権力政治が、制度化された交渉へと変貌するためのフォーラムが欠如しています。つまり、規制を要する世界経済の重要問題、さらには、気候政策、環境政策、争奪戦に明け暮れる資源の配分、乏しい飲料水資源の配分などなどについての制度化された交渉こそが、こうしたフォーラムで権力政治に取って替わらなければならないのです。こうしたトランスナショナルな次元で生じる問題は、人権無視や国際的安全保障の侵害——それだけで国際刑法違反の構成要件となるもの——に対するのと同じ形で決することはできません。こうした問題群は政治的交渉によって解決をはからねばならないものです。

ツァイト——そうした問題に対処するために、それなりに機能してきた制度がありますね。

G8のサミットのことですが。

ハーバーマス――G8は、排他的なクラブで、その上、いま挙げた問題のいくつかについてあたりさわりのない議論がされているだけです。演出されたサミットに寄せられる期待には異常に強いものがありますが、実際には、成果は乏しく、なんの変化も生まないメディア・ショーにすぎません。期待と成果のあいだにあるこの不均衡は、サミットのいかがわしさを良く示しています。とはいえ、幻想であっても期待のプレッシャーがかかるということは、将来の世界内政に課された未解決のさまざまな問題があることについて、一般の人々がとてもよく感じ取っていることを示しています。ひょっとすると彼らの政府よりもずっと鋭い感覚で問題を見て取っているのではないでしょうか。

ツァイト――「世界内政」という言い方は、どちらかと言えば視霊者の夢のように聞こえますが。

ハーバーマス――でも、今日起きていることは、少し前ならたいていの人があり得ないと思っていたことです。つまり、ヨーロッパやアジアの国々の政府が、金融市場における制度化が進んでいない事態を修正すべく、規制強化の提案をこぞってしているではありませんか。社会民主党（SPD）もキリスト教民主同盟（CDU）も、決算義務、自己資本形成、重役たちの個人責任の明確化、透明性の拡大、株式市場の監視などなどについての提案を矢継ぎ早にしています。とはいいながら、株式売上税——もしそれができれば、グローバルな税制政策への一歩なのですが——については、当然ほんのときたま話題になるだけです。新たな「金融システムの制度設計」などということが大言壮語で語られ、めざされていますが、アメリカの反対を押し切って簡単に実現できるものなどではないでしょう。でも、そういった新たな制度だけで、十分でしょうか。さまざまな市場はきわめて複雑ですし、最重要ないくつかの機能システムが世界大で相互に依存し合っていることを考えると、とても足りないのではないでしょうか。さまざまな当事者が国際法上の条約を結ぶことを考えているようですが、そうした条約はいつだって破棄することができるものです。これではどんな嵐にも耐え得るレジームは成立しません。

ツァイト——国際通貨基金に新たな権能が与えられたとしても、それだけでは世界内政とは言えませんね。

ハーバーマス——私は予想を立てるのは避けたいところです。現在の問題に対してわれわれが出来ることはせいぜい建設的な考察をめぐらすことぐらいです。これから国民国家は、自分たちの利益に適うためにも、国際社会の一員であるという自覚をどんどん高めて行かねばならないでしょう。これこそはこれから数十年の間に達成すべき最も困難な課題です。「政治（Politik）」のこの舞台、つまり国際政治という舞台を見やりながら議論するときわれわれが念頭に置いている政府というのは、その自己イメージに関して、主権者として決断をくだしてきた集団的アクターとしてのかつての国家のあり方から今なお逃れていません。しかし、一七世紀以来、ヨーロッパの国際関係システムとともに発展してきたこの国家＝レヴァイアサンという自己理解は、今日ではもうそのまま問題なく続いているわけではありません。昨日まで「政治」という名で呼んでいたものは、現在では日ごとにその流動的な状況を変えているのです。

ツァイト――しかし、おっしゃる事態は、言われたように九月一一日以降国際政治に広がっている社会ダーウィニズムと矛盾するようにも見受けられますが。

ハーバーマス――一歩下がって、より大きな連関に眼を向けた方がいいかもしれません。一八世紀末以来というもの、政治的に構成された政府権力には権利と法の概念がしみ込むようになり、国内に関しては、政府権力は単なる「暴力」という実体的性格を剝ぎ取られてきました。とはいいながら、外に向かって政府権力はこの実体性を十分すぎるほど維持してきました。たしかに、さまざまな国際組織の絡み合いがどんどん増えてきていますし、国際法の拘束力がますます強化されてはいますが、それにもかかわらずこの点は変わりませんでした。ただ、そうはいっても、国民国家的に規定された「政治（das Politische）」の概念は流動化しています。例えばEUの内部で考えてみても、たしかに個々の加盟国は依然として暴力の独占を変えてはいませんが、それにもかかわらずこれら加盟国は、スプラナショナルなEUの次元で決められた法を、多少の不満はあってもあまり文句も言わないで実施しています。法と政治におけるこうした形態変化は、資本主義のダイナミズムとも絡んでいます。経済などの機能上必要とされる開放の動きと、社会統合のための囲い込みの動きとが、そのつどより高いレベルで相互作用を繰り返すのが、このダイナミズムの特徴です。

ツァイト——市場は社会を爆砕し、社会国家がまた社会を統合的に囲い込むということですね。

ハーバーマス――社会国家は、かなり後になって獲得されたものですし、今われわれが経験しているように、脆いものでもあります。市場とコミュニケーション・ネットワークの激烈な拡大はいつも必ず旧体制を爆砕する力を持っていました。同時に一人一人の市民にとっては個人主義化を押し進める解放の力を発揮してきました。それに対応して、古い連帯の仕方の再組織化が、より拡大された制度的枠組みへの再組織化がそのつど起きてきたのです。このプロセスのはじまりは初期近代です。それに応じて、中世後期の支配体制の中の諸身分が、イギリスなら身分制議会へと組織変えされ、フランスならば、絶対主義の王たちに取り込まれて行ったのです。このプロセスは一八世紀および一九世紀の憲法革命を通じて、また二〇世紀の社会国家関連の立法を通じて継続されました。レヴァイアサンおよび階級抗争を法によって馴致するこのプロセスは、決して簡単なことではありませんでした。こうして国家と社会の立憲化が成功したわけですが、しかし現在、経済的グローバル化というさらなる進展が起きた以上は、この憲法体制も、これまでと同じ機能上の理由から国際法の、また、四分五裂の世界社会そのものの立憲化に向かうべきことを示唆しています。

ツァイト――この楽観主義的なシナリオにおいてヨーロッパはどのような役割を果たすことになるのでしょうか。

ハーバーマス――ヨーロッパは、今回の危機において実際に演じた役割とは違う役割を果たさねばなりません。EUの危機管理がなぜこれほど賞賛されているのか、私には理解できません。たしかにゴードン・ブラウンは、アメリカの財務長官ポールソンを説得して、議会をやっと通った救済法案の解釈に関する方向転換を迫り[*7]、実現しました。しかし、それが可能となったのは、フランス大統領を通じて、そして、最初は反対したメルケル首相とシュタインブリュック蔵相の抵抗を押し切って、ユーロ圏の重要なメンバーを同じ船に引っ張り上げたからではありませんか。この交渉過程とその結末を良く見てください。結局のところは、EUに結集している三つの最強の国民国家が、主権に依拠したアクターとして、それぞれ異なるけれど、方向は同じような政策の調整をしようと約束しただけではありませんか。ユンケルやバローゾ[*8]も同席してはいましたが、ここでの古典的な国際協定の成立の仕方を見ていると、EU共通の政治的意志と言えるものではとてもありません。共通の経済政策をヨーロッパが取ることが出来ないこの様子は、実際に『ニューヨーク・

タイムズ』紙も、多少とも意地悪な書き方で、記事にしていたではないですか。

ツァイト――このヨーロッパの無能の理由はどこにあるとお考えでしょうか？

ハーバーマス――この危機のその後の経過を見ていると、ヨーロッパの制度的欠陥がはっきりしてきました。どの国も、自分たちだけの経済政策で対応しようとしています。単純に言えばEUのなかの担当割り振りというのは、ブリュッセルとヨーロッパ司法裁判所が経済的自由を押し進め、それによって生じた外部コストは、個々の加盟諸国につけとして回される構造になっています。それゆえに現在のところ、経済政策上の共通の意思形成が存在し得ないのです。最も重要な加盟諸国のあいだで、そもそも国家と市場のバランスの度合いをどの程度にするかについて意見がばらばらなのです。しかもどの国も自分たちだけの外交をしています。その先頭がドイツ連邦共和国です。ベルリン共和国は、ソフト外交をやってはいるものの、統一以前のドイツ連邦共和国が歴史から学んだことを忘れています。ドイツ政府は、一九八九年／九〇年以降外交上の行動範囲が広がったことがうれしくて、背伸びをしっぱなしです。それによって、国家間同士のナショナルな権力政治という昔ながらのパターンへと逆戻りしてしまいました。ところが、これら国家と言ってもやはりかつてとは異なって、とっくに小さな藩[*9]みたいなものに収縮しているのです。

ツァイト――それではこの小藩たちはどうしたいいのでしょうか？

ハーバーマス――私の希望リストが欲しいとおっしゃるのですか？　私自身としては、段階の差を付けたＥＵ統合だけが、ＥＵが行動能力を持つための現状では唯一の道と考えています。[*10]したがってユーロ圏だけの経済政府というサルコジの提案は、手始めとして重要なものでしょう。とはいえ、この提案に乗ったからといって、その提唱者の頭にある国家統制的な（etatistisch）な前提や、保護主義的な目論見に加担するわけではありませんよ。手続きと政治的帰結とは別のものです。経済政策分野で「より緊密な協力」がなされれば、外交においてもおなじ「より緊密な協力」が行なわれるようになるはずです。そして経済協力も外交政策上の協力も、ヨーロッパの住民たちの頭越しに、裏取り引きで纏めるようなことは、もはや無理なのです。

ツァイト――そうした考えは社会民主党（ＳＰＤ）ですら支持していませんが。

ハーバーマス――社会民主党（ＳＰＤ）指導部はこの問題をキリスト教民主同盟（ＣＤＵ）のユルゲン・リュトガース[*11]、通称ライン地域及びルール地方の「労働者のリーダー」

と言われている彼に、この方向で考えることを任せっぱなしです。ヨーロッパ全域で社会民主党は壁際にまで追いつめられています。なぜなら、賭け金が減っているためにゼロサムゲームを強いられているからです。今こそ国民国家的な檻を出て、ヨーロッパ次元で新しい行動の余地を開拓すべきなのに、なぜそのチャンスを利用しようとしないのでしょうか。さらには左から退行的な競争相手[*12]が出てきていますが、それに対しても、ヨーロッパ次元で活動することによって、自分たちの独自性を出せるはずなのですが。今日「左」とか「右」というのはいろんな意味があるでしょうが、どんな意味合いであれ、ユーロ加盟諸国は一緒に行動してはじめて国際政治上の重要性を持ち得るのです。世界経済の枠作りに理性的な影響力を行使しうるような重要性です。そうでなければ、ユーロ諸国は、アンクル・サムの、つまりアメリカのプードルとして危険かつ混沌とした国際状況に翻弄されるままとなります。

ツァイト――アンクル・サムというキーワードが出てきたところで、お伺いしますが、ハーバーマスさんは、アメリカに対して深い幻滅を味わっているのではないでしょうか。あなたにとってアメリカは、新しい世界秩序の牽引車だったのですから。

ハーバーマス――でも、この牽引車に頼る以外になにがあるでしょうか？　アメリカは目下の二重の危機を経て弱体化するでしょう。とはいいながら、アメリカがリベラルな超大国である事態には当面変わりないでしょう。そして、アメリカが置かれている状況は、上から押しつけて世界を幸福にしてやるといったパターナリズム的な、ネオリベラル的な自己イメージを根本的に考え直すように仕向けるでしょう。自分たちの生活形式を世界中に輸出するやり方は、大昔の大帝国の自己中心的な、偽りの普遍主義に由来するものです。それに対して近代《モデルネ》は、すべての人を同じように尊重するという脱中心化された普遍主義によって生きています。アメリカが、国連に対する非生産的な態度をやめ、さらには、国連改革運動の先頭に立つならば、それはアメリカ自身の利益に適うことになるでしょう。歴史的に見るならば、四つのファクターがここにはあります。超大国、地上最古の民主主義国家、私の希望することですが、リベラルでビジョンを持った新大統領の就任、そして規範的志向が驚くべき反響を呼ぶ政治文化――この四つのファクターがまとまって作動しているということの事態は、ほとんどありえないほどの組み合わせです。単独行動的な大冒険の失敗、ネオリベラリズムの自壊、自分たちは特別であるとする意識の乱用、これらを通じて今日のアメリカは深刻な自信喪失状態にあります。この国民が、今まで何度もあったように、また再び奮起して、今日のいくつかの強国（Großmächte）を——それらは明日の大国（Weltmächte）となるものです——国際秩序の枠組みに、超大国（Supermacht）を必要としない国際秩序の枠組みに早目に組み入れる仕事に取りかかることはない、と決めてかかっていいものでしょうか？　運命を決する選挙に勝った新大統領は、内政面ではほとんど動きようがなくとも、少なくとも外交面では、理性のチャンスをつかもうとしない、などということがあるでしょうか？

ツァイト——そういうお考えですと、いわゆる現実主義者の憫笑を誘うだけではないでしょうか？

ハーバーマス——もちろん、私の見解に反する多くの事実があることは分かっています。例えば、アメリカの新大統領は、自分の党のなかにもいるウォール・ストリートべったりのエリートたちに対して、自分の見解を押し通す苦労が待っています。また、新たな保護主義というたちまち出てくる自動的反応に陥らないように周りがしなければなりません。さらにアメリカは、このようなラディカルな方向転換をするには、忠実だが、自分の意見ははっきり言う同盟相手が必要のはずです。しかし、創造的な意味で「二極的」な西洋というものが可能となるためには、EUは、外に対して一つの声で語ることを学ばねばなりませんし、また、国際舞台で貯めこんだ信用を利用してみずから先見の明を持って行動することを覚えねばなりません。危機の時代には大勢に乗じた進言や単なるその場しのぎのせせこましい対処よりも、大きな見通しの方がひょっとして必要なのではないでしょうか。

まさに運命の日々である。西洋は、〔二〇一〇年〕五月八日に、ロシアでは五月九日にナチス・ドイツに対する戦勝記念日を祝っていた。ドイツでも五月八日を形容する正式の表現は、「解放の日」である。今年は、対独連合国の軍隊が（ポーランド軍の部隊も加わって）一緒に戦勝記念のパレードを催した。モスクワの赤の広場の祝典では、アンゲラ・メルケル首相がプーチンの直ぐ隣に立っていた。彼女の存在は、「新しい」ドイツの精神を強調するものだった。戦後ドイツを生きた数世代は、自分たちの解放にロシア軍も参加していたことを、しかも連合軍の中で最大の犠牲を払ったことを、忘れていないことを示したのである。

メルケル首相はこの赤の広場の式典にブリュッセルから飛んで来た。ブリュッセルでは彼女は、まったく異なった種類の降伏に立ち会うという別の役割を果たさざるを得なかった。痛めつけられたユーロを救済する基金についてのEU首脳会議の決定を公表する記者会見の写真を見ると、そこには、先の「新しい」ドイツではなく、「今日」のドイツの、硬直したメンタリティが透けて見えて来る。ぎすぎすした写真にメルケル首相とサルコジ大統領の硬い表情が写っている。議論に疲れた首脳たちは、もうなにも言うべきことを持っていないようだ。この写真は、半世紀以上にわたって戦後のヨーロッパ史を作って来たひとつのビジョンの挫折を告げるイコノグラフィー的記録となるのだろうか？

モスクワでのメルケルは、昔の西ドイツ時代のドイツ連邦共和国を背景にしていた。それに対して、五月八日の、ブリュッセルでの彼女は、EUの中で経済的に最も強い加盟国ドイツの国益を守ろうとするロビイストたちの何週間にもわたる戦いを終えたところだった。EUが一緒に行動していれば、国家破産を狙う投機筋に対抗してギリシアの信用能力を支えられたはずなのに、メルケル首相は、国家予算が規律をしっかり守っているドイツを模範にして欲しいと訴えるだけで、結局はヨーロッパ共同の行動をブロックしていたのである。気持ちだけでなんの効果も生まない声明を連発するだけで、ヨーロッパが共同して事前防止行動をするのを彼女は、妨害して来た。ギリシアは小さなケースでしかない、というのだ。

　だが株式市場が暴落してはじめて彼女は、声もなく折れた。アメリカ大統領、国際通貨基金（ＩＭＦ）およびヨーロッパ中央銀行がよってたかって彼女に心理マッサージを加えた結果、砕けやすくもなっていた。それまでは、大量破壊兵器とも言うべき大衆紙を恐れるあまり[*1]、メルケル首相は、金融市場というもうひとつの大量破壊兵器の破壊力を見損なっていたようだ。彼女は、ユーロ圏の強化はどうしてもいやなのである。しかし、翌日ＥＵ委員長のホセ・マヌエル・バラッソは、「経済政策上の一致を望まない人は、通貨同盟も忘れたらいい」と述べることになる。

休止符

だが関係者全員にその後次第に分かって来たことがある。それは、二〇一〇年五月八日のブリュッセルでの首脳会議の決定は、深甚な変化をもたらすものだということである。われわれは、「救いの傘」をひっきりなしに広げ、「救助パッケージ」の包みの紐を結んで来た。こういう最近のドイツ語の比喩をいくら使ったところで、徹夜の会議で決められたユーロ維持の緊急対策は、これまでの「救済《ベイルアウト》」のどれとも異なった帰結をともなっている。この事実は無視できない。つまり、EU委員会が、全体としてのEUのために市場で信用を引き受けることになった以上は、この「危機メカニズム」[*2]は、「共同体としての方策」であり、EUの仕事の基盤を変えるものとなったのだ。

今やユーロ圏の納税者たちは、それぞれ別の加盟国の国家予算リスクの保証義務を共同して負うことになったのだ。これは、まさにひとつのパラダイム・チェンジである。長いこと無視していた問題がこれによって意識に上ることになった。国家同士の危機にまで拡大した金融危機は、政治同盟が中途半端で未完成のまま放置されていることに気づかせてくれたのだ。大陸規模の、巨大な人口を擁する経済地域に、部分的には共通通貨を持った共通市場ができているというのに、ヨーロッパ次元で、加盟国の経済政策を効果的に相互調整しうる制度ができていないのだ。

「ヨーロッパ経済政府」が必要だとする国際通貨基金（IMF）専務理事〔ドミニク・ストロース＝カーン〕の要求を、筋が通らないとして退けることはもはや誰もできないであろう。安定化協定の「規則を守る」[*3]経済政策、「予算の自己規律」による経済政策というモデルは、政治的状況があまりにも早く変わるため、速やかに対応する必要に即したものではない。もちろん、個々の国々の財政は、赤字を削減して、健全化しなければならない。しかし、ここで問題なのは、ギリシアの「インチキ経済」やスペインの「豊かさの幻想」だけではない。重要なのは、さまざまな形態の国民経済を抱え込んだ共通通貨地域内での多様な発展水準を、経済政策を通じて同じ水準に近づけることのはずである。安定化協定は、二〇〇五年にはフランスとドイツが自ら破って無効化したのに、今回の議論ではフェティッシュになってしまった。現在では、ヨーロッパの完全な経済的統一と不完全な政治的統一のあいだに意図的な不均衡がある。安定化協定の罰則規定を強化したところで、不均衡にともなう好ましからざる帰結をなんとか解消して、バランスを回復するのは無理である。

『フランクフルター・アルゲマイネ』紙[*4]の経済面ですら、「岐路に立つ通貨同盟」という表現をしている。もちろん、同紙の論調はその際に、恐怖のシナリオを描いて、「弱い通貨の国々」に対抗してドイツ・マルクへのノスタルジーを掻き立てるだけだが。それに対して、メルケル首相は独自の日和見精神を発揮して、〔それまでドイツの国益ばかり押し出していたのが〕突如として、ヨーロッパ人は「経済の上でも金融の上でも、歯車のようにもっとしっかり連携しなければならない」と言い出す始末である。だが、大きな時代の境目に我々はいるのだ、という意識はどこを見てもまったくない。ある種の人たちは、銀行危機とユーロ危機のあいだの因果関係がないかのような誤魔化した物言いをして、今回の大事件の理由を一部の国の国家予算のいい加減さに求めている。また別の人々は、個々の国民国家の経済政策相互の調整がとっくに必要になっている自体を、ただ、マネージメントの改良の問題に矮小化している。

欧州委員会は、時限のユーロ救済ファンドの恒常化と、加盟国の予算の事前点検という計画を立てている。加盟国の国会に提示される前に予算を点検しようというのである。もちろん、こうした提案が道理に適っていないというつもりはない。しかし、ここにはとんでもないもくろみが含まれている。つまり、加盟国の国会の予算権への欧州委員会のこうした介入があるとすれば、それは欧州憲法条約に抵触するし、またすでにずっと以前からのEUにおける民主主義の欠如をかつてないまでに高めることになるのに、そうしたことは気にしなくてもいいという鼻息である。むしろ、加盟諸国の経済政策を効果的に調整するならば、ストラースブールの欧州議会の権能を強めねばならないのだ。また、そうした経済政策の効果的調整は、経済以外の外交のような政治分野でも、これまでより相互調整を良くする必要を高めることになろう。

ユーロ圏の加盟諸国は目下のところ、ヨーロッパにおける協力関係を深化させるか、ユーロを放棄するのか、そのどちらを取るのか選択せざるを得ない状況に向かって突き進んでいる。目下の問題は、加盟諸国の「経済政策の相互監視」(トリシェーECB総裁)にあるのではなく、共同行動こそ必要なのだ。そしてドイツの政治はそのための準備がろくにできていない。

世代交代と新たな無関心

ホロコーストのあとで、ドイツ連邦共和国が文明国民のサークルに立ち戻るには何十年という努力が――アデナウアーとハイネマンからブラントとヘルムート・シュミットを経て、ヴァイツゼッカーとコールに至るまでの努力が必要だった。そのためには、ゲンシャーリズムというかしこい戦術や、利益があるがゆえの西側志向だけでは十分ではなかった。必要なのは、国民の広汎な層におけるメンタリティの変化だった。そしてこれは大変な努力が必要だった。ヨーロッパの隣国の人々が最後に融和的な気分になったのには、なんといっても、戦後の連邦共和国に育った若い諸世代に規範的な確信が根づいたことが大きかった。そして、世界に対する彼らのオープンな態度が寄与した。そして当然のことながら、外交上の交流において、当時それぞれ活躍していた政治家たちの考えていることが信頼にあたいすると思われたことが、事態を動かす決定的なきっかけとなった。

ドイツ人に対する、歴史に由来する不信の念は、平和裡のヨーロッパ統一がドイツ人にとって明白な利益があるだけでは、消すことができなかった。どのみち西ドイツの人々は、民族分裂の事態を受け入れねばならなかった。過去の極端な民族主義を思い起こせば、国際的な国家主権の回復をあきらめるのはそれほど難しいことではなかった。そして、ヨーロッパで最も金払いのいい存在になり、[*5]必要とあれば、自分たちの方から先払いするのもいとわなかった。先払いはどのみちこのドイツ連邦共和国の利益になって戻ってきたのだから。それだけでは不十分で、ドイツのヨーロッパへの熱意が、相手を納得させるためには、規範的な次元に根ざしている必要があった。こうした負担テストがどういうものであるかは、ジャン＝クロード・ユンケルが、アンゲラ・メルケルの冷たい国益計算を見て、「ヨーロッパのために内政上のリスクを引き受ける気がない」と言った、この文章によく表現されている。

このドイツの新たな頑迷ぶりには、もっと深い根がある。すでにドイツ再統一とともに、ドイツは大きくなり、自分自身の内政問題にかかわりがちとなることで、視線の向きが変わってしまった。だがそれよりもさらに重要なのは、ヘルムート・コール以後に生じたメンタリティの断絶である。ヨシュカ・フィッシャー[*6]はたちどころに色褪せてしまったが、その彼を抜きにすれば、ゲルハルト・シュレーダーが政権に就いてからは、規範性の乏しくなった世代が政治を支配するようになった。どんどん複雑化する社会にあって、毎日のように新たに出て来る個別問題にその場しのぎで対処するだけの世代である。政府の選択の余地が狭くなっていることを自覚しているため、この政治家世代は、目標を立てることをせず、政治がじっくりとやるべきことをあきらめてしまった。ヨーロッパ統合のプロジェクトについては言わずもがなである。

今日ドイツの政治エリートは、ドイツが再び国民国家としての主権を獲得して、正常状態に至ったことを楽しんでいるのだ。「西側への長い道」[*7]の終点に到達した彼ら政治的エリートは、民主主義の学校の卒業証明書を手にして、「これで他の国々と同じにやって」いいと考え始めている。それまでは、道徳的にも破れ、自己批判せざるを得なかった国民として、ポストナショナルな状況に他の国の人々よりも早く対応しようとしていた。だが、こうした神経質な心の用意は消えてしまった。グローバル化した世界では、どの国民も他の国々のパースペクティヴを自分自身のパースペクティヴの中に取り込むことを学ばねばならない。そして、〔自国の文化の〕美化と利益最大化を自己中心的にないまぜするような対応へと引きこもるわけにはいかないことを学ばねばならない。こうした学習意欲が落ちていることを示す政治的徴候は、マーストリヒト条約及びリスボン条約に関する連邦憲法裁判所の、主権概念についての伝統的な法解釈学の想念にしがみついた判決だった。[*8]ヨーロッパ中央部にあるこの自己中心的な巨人が、規範的なことについてはもうあまり言わなくなり、自分のことばかり考えるメンタリティになるならば、それはもうEUにとって目下の揺れ動く現状の維持すら、保証してもらえなくなったことを意味する。

危機意識の鈍化

メンタリティの変化そのものだけでは、非難の理由にはならない。しかし、他国の状況やヨーロッパ全体に対する新たな無関心のゆえに、結果として目下のチャレンジを政治の次元で感じ取れなくなっている。金融危機から学んだことはG20のロンドン・サミット〔二〇〇九年四月〕が、美しい言葉の目標声明のかたちで文書化している。しかし、誰が本当に金融危機から学び、そして学んだことのために戦う気があるというのだろうか？

暴走し始めた金融資本主義を馴致すべきという点では、一般市民たちの多数の意見がどういうものであるかについては、間違いようもない。二〇〇八年秋に起きたことは、資本主義の歴史において初めてである。つまり、金融市場を動因にした世界経済システムの中枢が破局から救われたのは、納税者の与える保障のおかげだったが、こうしたことは初めてである。資本主義はもはや自分の力で再生することができない――この事実は、あれ以来国家公民の意識にしっかりと定着している。納税者の彼らこそが「システム破綻」を防ぐ保証人の役割を演じなければならなかったのだから。

専門家たちの要求はすでに提示されている。銀行の自己資本を増大させる。ヘッジファンドの活動の透明性を高める。株式市場と格付け機関に対するコントロールを改善する。知恵豊かだが国民経済にとっては有害な投機方式を禁止する。金融取り引き税および銀行税の導入。投資銀行とビジネス銀行の区別、「あまりに大きくてつぶすわけにいかない」巨大銀行を用心のために小さな銀行に分ける――などである。マイブリット・イルナー[*9]がこの提案をテレビの中で、ヨーゼフ・アッカーマン[*10]に提示して、こうした立法府による「いじめ手段」の、どれを選びますかと訊ねると、この銀行業界の抜け目ないトップ・ロビイストの表情が、いささか曇るのが見えた。

金融市場の規制が簡単だというつもりはない。規制のためには、かぎりなく抜け目ない銀行家たちの専門知識が必要である。しかし、いい目論見が挫折するのは、「市場の複雑さ」のせいではなくて、むしろ、加盟諸国の政府の臆病さと自律性のなさのゆえである。国際的協力をあらかじめ率先して放棄してしまうせいである。欠如している行動能力を新たに作り上げるための、つまり、世界全体で、ＥＵ内部で、そして、まずはなによりもユーロ圏の中で行動能力を作り上げるための国際協力を放棄してしまっているのである。為替ディーラーや投機家たちは、ギリシアへの援助に関して、ユーロ救済ファンドに心なくも賛成せざるを得なかったメルケルよりも、〔コントロール不能を認める〕アッカーマンの有能なあきらめの方を信じるのである。ユーロ圏諸国が決然として相互協力することはないと、彼らの現実感覚は見ているのだ。重要ポストにまったく迫力ない人物のなかの誰をつけるかつけないかの内輪の闘鶏にも等しい争いにエネルギーを費やしているような組織なら当然のことだろうが。

危機の時代には、一人一人の役者でも歴史を作ることができる。我々の萎えきった政治エリートたちは、むしろ『ビルト』紙の大見出しの方を重視している。しかし、その彼らといえども、ヨーロッパの一層深い統合に立ちはだかっているのは国民であるなどという逃げ口上は言えないはずである。世論調査で出て来る人々の意見と、国家公民が議論を戦わす熟議の結果として出て来る民主的な意志とが同じものでないことは、この政治家たちが実は一番良く知っているのだ。これまでヨーロッパのどこの国でも欧州議会の選挙にあたって、ナショナルなテーマや綱領以外のことを決めるような選挙もしくは国民投票が行われたためしはなかった。国民国家にとらわれている左翼（この言葉で私はドイツの左派党[*11]）だけを念頭においているのではない）の自己満足的偏狭さは言わずもがなとしても、これまでどの政党も、積極的な啓蒙を通じて、公論を政治的に作り上げて行く試みをして来なかった。

ほんの少しの政治的な気骨さえあれば、共通通貨の危機は逆に、多くの人々がヨーロッパ共通の外交政策に期待していたことをもたらしうるのだ。つまり、国々の国境を越えて、一緒にヨーロッパの運命を共有しているという意識をもたらしうるのだ。

III　ユーロプラス協定はヨーロッパを救うか、壊すか？

〔二〇一一年〕三月最後の週、重要な政治的出来事が二つ生じた。〔三月二七日には〕政権与党キリスト教民主同盟（ＣＤＵ）が、自らの牙城たるバーデン・ヴュルテンベルク州で、与党の座を失った。この地方議会選挙の結果によって、連邦政府が先に打ち出した原子力エネルギーからのすみやかな脱却という方針は、ゆるぎないものになった。*1 その二日前には欧州理事会が、共通通貨安定に向けた決議と、加盟諸国の経済政策の調整を目指す遅ればせながらの新規構想を、セットで提示した。ただし統合政策を推し進めるこの動きの重要性は、一般にはほとんど認識されなかった。二つの出来事は見方によっては著しい対照をなしているからである。バーデン・ヴュルテンベルク州では、産業界のお友達であるエリートがそれまであてにしてきた頑固なメンタリティーが、五〇年にわたる市民の抗議の末、社会運動によってひっくりかえされた。ブリュッセルでは、ユーロに対する投機的動きが一年にわたり生じた挙句、「経済政策ガバナンスに向けた」一連の措置が密室で決議され、それに関心を寄せるのは法律家や経済学者や政治学者だけである。一方は長きにわたる抗議活動によって下から戦い取られたメンタリティーの転換であり、他方はそれに対し、金融市場から短い期間で押しつけられ、国民国家の政府間の協力のもとで作られた統合推進政策である。

エネルギー政策の転換は、何十年ものあいだ政治的争点であり続け、公共圏でかまびすしく議論されてきたものであり、政策転換は大きな節目というに値する。しかしそれはもうひとつの政策転換にも当てはまることだろうか。この政策転換によって、加盟諸国の政策をヨーロッパのレベルでコントロールすべく、ヨーロッパ条約に基づいて国民国家の権能が制限されることになる。こうした政策転換が、専門家の議論をへて決定され、新聞の経済欄に埋もれ去り、人目につかずに遂行されたのだ。問題はどこにあるのか——そしてその問題は関係加盟諸国の政府首脳たちが結んだ協定によって解決可能なものなのだろうか。

通貨同盟の構造的欠陥

ブリュッセルでは、二〇一〇年五月に設立された救済ファンドを二〇一三年に欧州安定化メカニズムとして引き継ぐことが合意された。この安定化メカニズムが、ユーロに対する投機的動きを終わらせることができるかという金融工学的な問題は、ここでは詮索せずにおく。より重要なのは政治的問題、すなわち通貨同盟が抱える構造的欠陥という問題である。投機による金融市場の混乱の結果、この欠陥はいまやすべての人々に認識されるに至った。一九九九年のユーロ導入の際に、政治的な統合プロセスの進展をなおも望んでいたのは一部の者だけだった。それ以外のユーロ支持者は、経済的枠組は民主主義よりも信頼に値するというオルド自由主義の教科書を信じていた。彼らは、国民国家の経済成長を適正化する（適正度合は単位労働コストで測る）ためには、国家財政の収支の均衡というシンプルな規則を守るだけで事足りると考えていた。

どちらの期待も劇的な形で失望を味わうことになった。立て続けに生じた金融危機、財政危機、ユーロ危機を通じて、ユーロの抱える構造的欠陥があきらかになった。この巨大な経済通貨圏には、本来は必要な共通の経済政策をつかさどる機構が欠けているのである。この金融システムの軛のもとで、アンゲラ・メルケルのようなEU懐疑主義者が、統合に向けてしぶしぶ歩を進めるよう強いられることになった。いまやかの欠陥は、「開かれた協調」という非公式の方法を通じて克服がめざされることになる。[*2] 当事者の観点からすれば、この暫定的解決策には犬の尻尾を踏まないという利点がある。他方でこの方式は、たとえ機能するとしても民主主義と相反するものであり、それゆえ加盟諸国の国民の間にルサンチマンを煽り立てることになる。

政府首脳たちは一連の措置のカタログをそれぞれの自国で、金融政策、経済政策、社会政策、賃金政策として具体化することを約束したが、これらの政策は実際には国民国家の議会（あるいは賃金協約の当事者である労働者と使用者）の管轄事項たるべきものである。この勧告にある政策モデルを指示したのは、明らかにドイツである。緊縮政策という処方箋にはそもそも、周縁諸国に非生産的な長期的デフレーションを引き起こす危険がつきまとう。しかしここでは、この処方箋が、経済政策として賢明であるかどうかについては論じないでおこう。むしろいま注目したいのはその手続きである。各国政府首脳は毎年、ほかの加盟国の債務状況、年金受給開始年齢、労働市場の規制緩和、社会保障給付制度、健康保険制度、公務員給与、労働分配率、法人税その他もろもろが、欧州理事会の「基準値」に適合しているかどうかを確認するため、おたがいに覗き込むつもりなのだ。

誤った方式

各国の政策について政府間で事前に取り決めを結ぶことは加盟国とその議会が有する核心的権能の侵害にあたるが、一方でこの事前取り決めには法的拘束力が与えられていない。こうした方式はひとつのジレンマを生み出す。もし経済政策ガバナンスに関する勧告が聞き入れられなければ、勧告に基づいて解決されるべき問題はそのまま残り続ける。しかし、もし実際に各国政府が意図された通りに協調すれば、政府は協調のために必要となる諸政策の正当性を自国において「調達し」なければならない。しかしこうした方式が生み出すのは、上からの緩やかな圧力と下からのいやいやながらの自発的協調らしきものからなる明暗画である。加盟諸国の財政を「時機を逸せず」、つまり国民国家の議会の議決の前にチェックするという欧州委員会の権利は、先回りして一定の見解を効果的に押し付ける越権行為以外のいったいなにであり得ようか。

この灰色のベールの下で、国民国家の議会（場合によっては労働組合）は、別の場所で作られた事前決定事項に首を縦にふるだけ、つまり事前決定事項をなぞって政策として具体化しているだけではないか、という懸念を免れ得ない。この懸念は民主的な信頼を完全に破壊する。法的地位が意図的にあいまいにされているような政策調整勧告はたんなる戯言にすぎず、EUの協調行動を必要とする規制には不十分である。そのような決議は、EUの議決を目指す二つの道筋によって正当化される必要がある――すなわち、理事会で代表を務める各国政府を通す間接的な道筋だけでなく、欧州議会をへる直接的な道筋をも通す必要がある。さもなければ、すべてを「ブリュッセル」のせいだと言いふらす周知の遠心力が働き、この力学がバクテリアとなってEUを分解することになろう。

EU市民から見て、EUという舞台で動く役者が国民国家の政府だけであるかぎり、その決定プロセスは、アクター同士が自分の主張を押し通すべく争うゼロサムゲームだと受け取られてしまう。

怪物ブリュッセルが「われわれ」につきつける要求の張本人である「よそ者」と、自分たちの国民国家の英雄が対決するという構図である。ＥＵ市民は、自分達によって選ばれ、国民国家単位ではなく政党単位で議論を交わすストラスブールの議会を目にしてはじめて、経済政策ガバナンスという課題を、協力して克服すべき共通課題だと考えるようになるだろう。

ではもうひとつの道とは？

より骨の折れるもうひとつの道は、欧州委員会が「正規の立法手続き」という民主的なやり方で、すなわち理事会と、さらには欧州議会の同意によって、この課題に取り組むという道でもありえよう。しかしこれは加盟諸国からＥＵへの権限移譲を要求することであり、かくも重大な条約変更は目下のところ非現実的であるように思われる。

ＥＵの住民たちは、たとえＥＵの中核領域にかかわるものであっても、今の状況では主権のさらなる移譲を拒むだろうという予想は、おそらくあたっている。しかし、こうした予想によって政治的エリートがこの情けない状況に対する彼らの責任を免れると考えるならば、あまりにも甘い。数十年にわたりヨーロッパ統合に寄せられてきた広範な同意は、いまやドイツ連邦共和国においてさえひどく後退しているが、理由なくこうなったと考えてはならない。ヨーロッパの統合プロセスは、つねに住民たちの頭越しに進められ、それがいま袋小路にはまり込んでいる。これまで慣例であった官僚中心のやり方を、住民のより強い参画に置き換えることなしに、統合プロセスは先へ進み得ないからだ。その方策を探るでもなく、政治的エリートはただ見てみぬふりをしている。彼らはエリート主導のプロジェクトとＥＵ市民からの行為能力の剝奪を、平然と続行しているのである。この厚かましさがなにに由来するのか、ここでは三つだけ理由を挙げたい。

ドイツ国民国家の再発見

ドイツ統一はドイツにメンタリティーの変革をもたらした。それは（政治学の諸研究があきらかにしているように）ドイツの自己認識と外交政策の方針にも影響を及ぼし、より自国中心的な見方が取られるようになった。九〇年代以来、自分たちドイツは軍事力も背景にしながら世界政治の舞台で活躍する「ミドルパワー」なのだ、という自負が次第に膨らんできた。これまでドイツは、諸国家が野放図に競い合う国際政治システムの法制化にとりわけ意を注ぎ、軍事力に対しては距離をおき、自分たちのことを文民国家（Zivilmacht）だと考えて来た。しかし新しい自国理解は、これまで培われてきた文化を押しのけてしまった。その転換は特に、二〇〇五年のメルケルが連邦首相に就任した政権交代以降、EU政策にもあらわれている。協調的なドイツが「ヨーロッパ的使命」を果していくというゲンシャーのイメージは、「ドイツの影響下に置かれたヨーロッパにおいてヨーロッパ的ドイツが」指導的地位を占めるべきだとする露骨な要求へと、どんどん野心化していった。[*3] もちろん、ヨーロッパの統合が初めからドイツの関心の外であった、というわけではない。しかし、義務を伴う歴史的道徳的な負の遺産を抱えているという自覚は、外交上の慎重さに繋がり、他者の立場も顧慮し、規範的視点を重視し、国際的対立の緩和のためにときには気前よく金を払おうとする姿勢に繋がった。

アンゲラ・メルケルにとって、この自覚はイスラエルとの関係においてまだ重要な役割を果していると思われる。しかし二〇一〇年五月八日に終わったブリュッセルでの交渉で、メルケルは数週間にわたって、ＥＵによるギリシャ援助とユーロ救済保護措置を妨害し、そして敗北した。一国の首相のこの力づくの抵抗ほど、国内事情を露骨に優先させた例は過去になかった。[*4] 現行の救済パッケージも、経済政策の優等生によって繊細さを欠くやり方で纏め上げられ、その結果、近隣諸国はもはや「ブリュッセル」が押しつけてくるのを指弾するのではなく、「ドイツによる」政治のパターンを、さまざまな折に糾弾するようになった。ちなみに、新しいドイツのメンタリティーの変化に対応しているのが、リスボン条約違憲訴訟に対してドイツ連邦憲法裁判所が下したＥＵに非友好的な判決で、この判決において憲法裁判所は、統合の深化を目指す努力に反対し、国民国家の不動の管轄領域なるものを恣意的に確定することによって、国民国家のアイデンティティーの守護者を買って出ている。憲法学者らはこの判決について、端的に「ドイツ憲法裁判所が『ドイツにイエス』」という皮肉な見出しをつけてコメントした。

世論調査にふりまわされる日和見主義

しかしドイツが自国像を変化させたという事情だけでは説明できないことがある。それは加盟国のどれもが、国内問題と政治チケット[*5]しか争点にしてこなかったという事実である。欧州議会選挙の際は例外なくそうであったし、国民投票の際もほぼそうだった。政党は不人気な問題を争点化することを自然と避ける。政党は選挙に勝つことを目指さざるを得ないのだから、一面ではこれは取り立てて騒ぐことではない。しかし他面で、欧州議会選挙で何十年もの間、まったく決断の必要のないテーマと人物ばかりが問われてきたのはなぜなのか。その理由は真剣に考える必要がある。EU市民は主観的に遠いストラスブールとブリュッセルの出来事が持つ重要性を認識できていないのだ。この状況は、EUが積み上げてきてしまった市民を置き去りにしてきたという債務をきわめてよく説明しているが、諸政党はこの債務からかたくなに逃げている。

たしかに今日、政治一般が、大局観を失い創造性を放棄し、周囲の環境に振り回されて確固たる輪郭を失っているようにみえる。取り扱うべき事柄がますます複雑化し、政治が行動できる範囲がますます狭まるなかで、あまりにもせわしない対処が求められる。まるで政治家自身がシステム論の暴露的視線を習得したかのように、彼らは恥もなくあからさまに世論調査の結果に右往左往し、規範的背景をまったく意に介さない権力プラグマティズムの日和見的台本をなぞっている。メルケルの原子力モラトリアムは、たんにその顕著な例にすぎない。別の例を挙げれば、剽窃者として公に証明された人物を、その人気を慮って彼女が大臣の座に留め置いたとき、「連邦共和国の半分とCDU・CSUのほぼ全員を騙した」(〔二〇一一年三月七日付〕『フランクフルター・アルゲマイネ』紙の表現)のは、剽窃者であるグッテンベルクではなく首相のメルケル自身であった。[*6] 彼女は計算高くも銀貨数枚のために大臣職に関する憲法上の規定を無視した――もっとも、この銀貨を投票箱に収めることはできなかったが。国防相辞任の際に行われた儀仗隊による大栄誉礼は、こうした出来事が普通になってしまっていることを示す駄目押し的光景であった。

その根底にあるのは、『ニューヨーク・タイムズ』紙がジョージ・W・ブッシュ再選後に「ポスト真実・デモクラシー」と定式化した民主主義理解である。世間の雰囲気に迎合することに政治が全労力を傾注し、ひとつの選挙日からもう一つの選挙日へと舌を垂らして追い回す程度に応じて、民主的手続きはその意義を失っていく。民主的選挙は、自然に生じた意見のスペクトラムをそのままなぞるために存在するのではない。そうではなくむしろ、意見形成という公共的プロセスの成果を反映するためのもののはずだ。投票箱に投じられた票が民主的共同決定を制度として成り立たせる重みを持つのは、争点に関するさまざまな立場、情報、根拠のコミュニケーション的な交換のなかで形成され、公共空間において言葉で詳細に表現された意見と、一票一票が結びついたときだけなのだ。こうした理由から基本法は、二一条において政党を「国民の政治的意思形成に寄与する」ものと位置付け、政党に特権を与えている。EUにおいても、政党が重大決議の選択肢をそもそも争点にすることにすら怖気づいているかぎりは、民主的性格を帯びることはありえない。

政治とメディアへの不満

政治のあり方の嘆かわしい変化には、メディアもかかわっていないわけではない。一方で政治家は、その場かぎりの自己宣伝へといざなうメディアの力に弱い。他方でメディアの番組編成自体が、こうした場当たり的な拙速に感染している。数知れないトークショウの潑溂とした司会者は、常に同じゲストメンバーを並べて、意見のごった煮をおぜん立てするが、これは政治的テーマを論ずる際に筋の通った根拠がいまだあり得るという希望を最後の視聴者から奪うものだ。ただしドイツ公共放送連盟〔ARD、いわゆる第一放送〕は時折、別のやり方もあることを示している。

私が間違っていなければ、ドイツの高級紙の水準は国際的に見て決して低くはない。しかしこうした主導的メディアでさえ、メディア関係者と政治家の癒着に無関係ではなく――政治家との近さで自分の位置が格上げされたと喜んでいる。そのひとつの例が、うるさ型向けの「リベラルな」週刊新聞〔『ツァイト』紙〕がグッテンベルク事件の際に行った啞然とするようなメルケル首相称賛であり、これによってこの国の政治文化はベルルスコーニ化してしまった。[*7] 加えて言えば、政治批評としてのメディアは、自ら大局観なき政治に対する対抗勢力たらんとするならば、目の前に生じる日々の出来事をただ追いかけるだけであってはならない。たとえばユーロ危機の克服は、高度に専門的な経済的話題として扱われている。しかしこれでは、政治部が急に思い立って、ＥＵ全体の改革の中でこの危機がどんな意味を持つのかという基本的な問題を論じてみても、その背景についての知識を持たない一般の読者には理解できないものになってしまう。

ドイツ統一によるドイツ国民国家の再発見、羅針盤を持たず目先の出来事にとらわれ右往左往する新型の政治、政治とメディアの癒着——政治がヨーロッパ統合という巨大なプロジェクトに息切れしてしまったのは、この三つの理由によるだろう。しかし、上にいる政治エリートとメディアにばかり目を向けていては、現状を見誤るかもしれない。今は統合へのモチベーションが欠けているとはいっても、そうしたモチベーションは、下からのみ、すなわち市民社会そのものからのみ、生み出され得るものであろう。原子力エネルギーからの脱却が例として示すのは、政治と文化で常識とされてきた見方を変化させ、公共空間における議論の可動域をずらすことができるのは、社会運動を通じた粘り強いモグラのような働きかけしかないということである。

モチベーションはどこから生じるか

ヨーロッパを求める社会運動の息吹は感じられない。そのかわりにわれわれが目にするのは別のもの――政治に対する、原因がはっきりしない不満である。巷の診断では、この不満と人気を集める補欠馬・対抗馬の人柄や立ち振る舞いには関連がある。市民の多くは、異分野から鞍替えしてきたガウク[*8]については体制抵抗者として生きてきた無骨さに好意を抱き、コミュニケーション上手なグッテンベルクについては彼の雄弁さとエレガントな見栄えを眩しがり、市民と当局の調停役を担うガイスラーについては策士の老練さに共感をもった――どの場合も人々は、政治のルーティンをこなしていくだけの安っぽい政治家には見られない彼らの色鮮やかな個性に拍手を送った。しかし、超党派的な人物に向けられた反政治的な心酔は、まったく異なる怒りのはけ口でもあるだろう――すなわち、なにもしない政治への憤りである。

かつては、連邦政府がどのような大局観に基づいて政策を打ち出しているのか、はっきりとまとめることができた。コンラート・アデナウアーは西側との結びつきにこだわり、ウィリー・ブラントは東方外交と第三世界を重視した。ヘルムート・シュミットは小さなヨーロッパの運命を世界経済の大きな文脈の中で相対的に捉えようとし、ヘルムート・コールはナショナルな統合をヨーロッパ統合の動きと一体的に考えた。どの首相もなんらかの意志をもっていた！　シュレーダー時代にはすでに、自分から動く政治よりは、ことの動きに反応するだけの政治スタイルがみられた。それでも外相のヨシュカ・フィッシャーは、ＥＵの最終形態すなわちヨーロッパ統合が向かうべき目標を定めるよう働きかけた。二〇〇五年以降、輪郭は完全にぼやけている。いまやもはやなにが問題になっているのかわからないし、次の選挙で勝つこと以外にそもそもなにか考えられているのかどうかも定かではない。市民は、ずっと芯のないままの政治になにかが欠けていることを感じている。この欠落は、組織された政治からの離反にも、「シュトュットガルト21」を合言葉にした新しい草の根的抗議活動にも見ることができる。しかし、ヨーロッパ統合を正面に掲げ、そのための闘いに一肌脱ごうとする政党が、一つか二つあってもいいはずだ。

「大きな」プロジェクトはやめた、で一件落着というわけにはいかない。気候変動、原子力技術の世界的なリスク、金融主導の資本主義に対する規制の必要性、国際レベルでの人権擁護といった諸課題から、国際社会は逃れられない。そしてこれらの問題のはかりしれない大きさと比べるならば、われわれがヨーロッパ内で解決しなければならないのは、よく見通しのきく程度の問題なのである。

初出一覧

論文「人間の尊厳というコンセプトおよび人権という現実的なユートピア」は、*Deutsche Zeitschrift für Philosophie* (58/2010, S. 343-357) に掲載され、短縮版が「ユートピアとの距離」のタイトルで *Blätter für deutsche und internationale Politik* (8/2010, S.43-53) に掲載された。本書に掲載するにあたり著者が細かい部分に修正を加えた。

「破綻のあとで」はトーマス・アースホイヤーによるユルゲン・ハーバーマスへのインタビューである。二〇〇八年一一月六日付けの *Die Zeit* (S. 53) に掲載された（邦訳初出、三島憲一訳「破綻のあとで」『世界』二〇〇九年二月号。初出版の翻訳は後に、ユルゲン・ハーバーマス著、三島憲一編訳『デモクラシーか資本主義か──危機のなかのヨーロッパ』岩波現代文庫、二〇一九年に収録〕。

論考「ヨーロッパ連合の運命はユーロで決まる」は、「我々にはヨーロッパが必要だ──新たな頑迷。共通の未来はどうでもよくなってしまったのか?」の題で、二〇一〇年五月二〇日付けの *Die Zeit* (S. 47) に掲載された〔邦訳初出、三島憲一訳『世界』二〇一〇年八月号。初出版の翻訳は後に、「付論　われわれにはヨーロッパが必要だ──新たな頑迷。共通の未来はどうでもよくなってしまったのか?」、ユルゲン・ハーバーマス著、三島憲一／鈴木直／大貫敦子訳『ああ、ヨーロッパ』岩波書店、二〇一〇年、および、前掲、『デモクラシーか資本主義か』に収録〕。

「ユーロプラス協定はヨーロッパを救うか、壊すか?」は「ヨーロッパ共同体の基盤はある。欠けているのは政治的意志と、そして責任だ」という副題を添えて、二〇一一年四月一一日付け *Süddeutsche Zeitung* (S. 11) に掲載された。

訳注

序文

＊1　マーストリヒト条約には、加盟国が財政均衡基準（毎年の新規国債発行額をＧＤＰの三パーセント以下に、国債の合計額を六〇パーセント以下に保つ）から逸脱した場合、過剰財政赤字是正手続き（EDP, Excessive Deficit Procedure）が自動的に適用され、期限内に財政赤字を是正しなければならないという規定があった。財政危機をへて現在では加盟国のほとんどがこの基準から逸脱している。

＊2　ＥＵの主要機関としては、欧州議会、理事会、欧州委員会、欧州理事会、司法裁判所、中央銀行、会計検査院がある。このうち、ＥＵ市民の選挙で選ばれた議員からなる欧州議会と、加盟国の関係閣僚からなる理事会の二機関が立法府にあたり、欧州委員会が行政府に近い役割を担っている。加盟国首脳会議である欧州理事会は、立法権は持たないが、様々な権限によって実質的な最高意思決定機関となっている。

人間の尊厳というコンセプトおよび人権という現実的なユートピア

＊1　日本国憲法においては、「個人の尊重」（一三条）および「個人の尊厳」（二四条）が「人間の尊厳」と同義であるとしばしば論じられる。また、一九五六年の売春防止法には「人としての尊厳」（一条）という文言があり、一九四七年の警察法は、一九五四年の全面改正までの期間、前文で「人間の尊厳」という表現を

用いていた。

＊2　一八四八年の三月革命のあとフランクフルトのパウル教会でのドイツ国民議会で議決された憲法のこと。

＊3　長期失業者と低所得者に給付される公的扶助。二〇〇五年に導入されたいわゆるハルツⅣ法のもとで、長期失業者への失業手当が大幅に減額され、困窮者への生活保護と一体化された。

＊4　たとえばトルコでは、女性の貞節を、家族、親族、共同体、民族などの名誉（ナームス）とみなし、行動、交友、服装などを厳しく管理する慣習がある。

＊5　訳文は、初宿正典『基本判例　憲法㉕講　第二版・補正版』成文堂、二〇〇八年、三八九頁より。以降、訳文は同書を参照している。

＊6　ハーバーマスは一九七七年の講演「日常言語、専門言語、教養言語」で、口語的な日常語とも、学問的な専門的言語ともことなる、活字を読み議論する人たちに共通する言語を「教養言語」と呼んだ。

＊7　かつてのギルドからはじまって医師会などに至る、ヘーゲルが中間団体として重視した組織。

＊8　「大西洋革命」とも呼ばれるアメリカ独立とフランス革命。

国際法の憲法化の光に照らしてみたEUの危機

I　ヨーロッパはなぜいままさに憲法的プロジェクトなのか

＊1　二〇一一年に各国政府首脳のあいだで決められた、経済的連帯の約束。国家財政改善その他の「成績」のよい国にのみ緊急援助をすることも含んでいる。

＊2　embedded capitalism. 世界経済における自由貿易の原則を維持しながら個々の国家には経済的安定の個別政策を可能とする、本来は相反する基準のバランスを可能にした戦後の資本主義の形態。ライン資本主義などのように、特定のコンテクストごとに多様な形態をとった資本主義の在り方をも意味する。

＊3　二〇〇三年から二〇一一年までヨーロッパ中央銀行総裁。
＊4　二〇〇五年から二〇一八まで財務相。

II　EUはトランスナショナル・デモクラシーを採用するのか、それともポストデモクラシー的な統治連邦主義となるのか

＊1　目下のところは欧州議会の役割は二次的である。
＊2　一九六三年に同名のオランダの運送業者がドイツからの化学材料の輸入にあたって、オランダの法にもとづいて他のヨーロッパの国境で科されるよりも高い税率を払わされたことを不服とした裁判において、「ヨーロッパ法は各国の法律を上回り、各国のみでなく、個々の市民に等しく同じ義務を課すもの」としたヨーロッパ裁判所の判決のこと。
＊3　ブレーメン大学の公法および環境法の教授。
＊4　ハイデルベルクのマクス・プランク公法および国際法研究所所長。
＊5　オランダおよびフランスの国民投票で否決された。
＊6　この時の欧州理事会で、ヨーロッパ金融安定化メカニズムが創設され、同時にギリシアの負債の支払い期間延長、およびギリシア政府の緊縮政策のさらなる強化が決められた。

III　国際的コミュニティからコスモポリタン的コミュニティへ

＊1　基本法の「人間の尊厳」のコンメンタールなどによく使われる表現。
＊2　例えば、道で誰かが倒れれば、特に深く考えることもなく助けるといった例を考えればいい。
＊3　ドイツ基本法では、国内の地域格差がこの文章で否定されている。

補遺

＊1　当時の財務大臣。
＊2　当時のルクセンブルクの首相。小国の代表者としてヨーロッパ政治で常に重要な役割を果たしている。
＊3　二〇〇八年八月一六日にパリで開かれた独仏緊急首脳会議では、ユーロ圏の財政危機を前に、欧州共同債の導入等が検討されたものの、ドイツ側の反対によって、最終的に見送られた。
＊4　ブリュッセルで行われたユーロ圏首脳会議では、財政破綻に瀕する加盟国に追加援助を行うため、ユーロ圏共同のファンドを設立することが、午後九時からの三時間半で決定された。この決定を受けてただちに、欧州金融安定化ファシリティ（EFSF, European Financial Stability Facility）が設立された。二〇一二年には、EFSFを受け継ぐより恒久的な枠組として、欧州安定化メカニズム（ESM, European Stability Mechanism）が設立された。
＊5　キリスト教民主同盟（CDU）と自由民主党（FDP）による保守連立政権。

Ⅰ　破綻のあとで

＊1　『ツァイト』紙に掲載された際の見出しは、以下の通り。
民営化万能信仰は終わった。公共の福祉を担うのは市場ではなく、政治である。

国際主義にもとづく世界秩序の必要性に関して、哲学者ユルゲン・ハーバーマスにインタビューする。
＊2　一八八二―一九六七。アメリカの画家。写実的な画風で、荒野の家、わびしい町並みなど、アメリカの孤独を描いた。
＊3　『南ドイツ新聞』などの伝統ある新聞を所有者の家族が投資家に売り払おうとした事件などが念頭にあると思われる。これは実現しなかった。
＊4　ハーバーマスの一九七三年の著作『晩期資本主義における正統化の諸問題』（細谷貞雄訳、岩波書店、一

九七九年）が背景にある。タイトルに「危機」はないが、冒頭から「危機」概念の分析で始まっているので、多くの読者の記憶には「正当性の危機」の標語が残っている。

＊5　二〇〇九年秋には、任期切れに伴うドイツ連邦議会の選挙が予定されていた。

＊6　イラク戦争のときの「有志連合」のことを皮肉っている。

＊7　救済資金による不良債権の買い上げよりも、資本注入という方向への転換。

＊8　元ポルトガル首相、EU委員会委員長。

＊9　Duodezfürstentum. 領邦国家時代のドイツ地域の小さな伯爵領や公爵領のこと。性格は異なるが「藩」と訳してみた。

＊10　ハーバーマスは、すでに二〇〇三年春、ブッシュ大統領のイラク侵攻の直後にデリダと共同署名の文書で、EUは中核国家群と、それ以外の国とのあいだに統合の度合いにとりあえず違いをもうけるより仕方ない、という「異なった速度のヨーロッパ」というテーゼを発表している。

＊11　ノルトライン・ヴェストファーレン州首相。ネオリベラリズム的経済政策を早くから批判。他方で、外国人政策などでは一貫して保守的。「労働者のリーダー」という表現はここでは皮肉に使われている。

＊12　元社民党首ラフォンテーヌを中心として社民党を出た左派と旧東ドイツ系の民主的社会主義党（PDS）が中心となって二〇〇七年六月に出来た「左翼党（Die Linke）」のこと。連邦議会でも総議席六一四のうち五三を占めているが、錆びついた階級闘争のカテゴリーでのみ考えているところがあるので、「退行的」と言われているのであろう。

II　ヨーロッパ連合の運命はユーロで決まる

＊1　『ビルト』紙に代表される保守的な大衆紙は、「我々が働いて得たお金をなんで、無能国のギリシアにつぎ込むのだ」といった類の激烈な批判で、ギリシア援助にドイツが加わることに反対した。メルケルは直前に

迫った最大州ノルトライン・ヴェストファーレン州の地方選挙を気にして、こうした大衆紙の批判に迎合する態度が目立った。

＊2　いわゆる欧州安定化メカニズム。この会議を受けて、二〇一〇年六月に当初は欧州金融安定化基金として発足。二〇一二年一〇月に欧州安定化メカニズムとなった。

＊3　マーストリヒト条約で導入された。年度ごとの新規国債発行を国内総生産の三パーセント以内に保たなければならず、また国家の負債総計は同じく六〇パーセント以内に収めることが定められている。もしもこの規則を破った場合には罰金を支払わねばならないといった一連の規則。その後の経済情勢で多くの規則は空洞化している。

＊4保守派の新聞。経済界の代弁者であると同時に、リベラル・ナショナリズム、時にはより怪しげなナショナリズムを論調に匂わせる。

＊5　農業分担金をはじめとして、EU関係のさまざまな分担金や補助金の最大の供与国家は西独であり、「ヨーロッパにおける支払いチャンピオン」などと国内で揶揄されたことを指している。

＊6　一九九八年から二〇〇五年まで、シュレーダー首相の社民党と連立した緑の党の党首として外務大臣を務めた。学生運動出身として話題を集めた。

＊7　二〇〇〇年に出たハインリヒ・アウグスト・ヴィンクラーの名著のタイトル。降伏から統一までのドイツ史が扱われている。邦訳タイトルは『自由と統一への長い道』（全二巻、後藤俊明ほか訳、昭和堂、二〇〇八年）。

＊8　マーストリヒト判決は、一九九三年一〇月。EU設立にともなう主権の一部の委譲を違憲とする訴えを斥けたが、今後の主権の委譲については加盟国議会の承認が必要として、権能を定める権能はEUにはないとした。またEUを国家連合（Staatenbund）ではなく、国家同士の結びつき（Staatenverbund）と定義した。リスボン判決は、二〇〇九年六月。EU次元の決定に連邦議会及び連邦参議院の参加権を強調した判決で、国

家主権重視と受け取られた。

＊9　視聴率の高いニュースショーの司会者。

＊10　ドイツ銀行頭取。二〇億円以上の年俸で批判が高い。ドイツでは銀行業の象徴的存在として知らぬ者はいない。現在は退職している。

＊11　旧東ドイツの社会主義統一等の系譜を一部は引き継ぎつつ、社民等への不満から離党した人々をも統合した政党。連邦議会でも一定の勢力をしめている。この勢力とバイエルンの伝統的保守党の代表者とがリスボン条約の違憲訴訟を起こしたことが象徴的である。

III　ユーロプラス協定はヨーロッパを救うか、壊すか？

＊1　二〇一一年三月一一日の福島第一原子力発電所事故直後、ドイツ連邦政府は国内の世論に押される形で脱原発方針を打ち出した。三月二七日のバーデン・ヴュルテンベルク州議会選挙では、長年にわたり反原子力を掲げて活動してきた緑の党が躍進し、SPDと連立を組み、これまで原発を推進してきたCDUを政権の座から追い落した。

＊2　EUは二〇〇〇年のリスボン条約以降、統合政策の手法として、欧州理事会が定めた共通政策目標を、EUのレベルで法制化し加盟国に強制するのではなく、加盟国が自ら国民国家でそれぞれ政策として具体化することで実現していくという「開かれた政策協調方式（Open Method of Coordination: OMC）」を導入してきた。

＊3　統一直後の一九九〇年、東ドイツ市民に西側への出国を認めたハンガリー外相ホルン・ジュラに、欧州統合に貢献した人物を讃えるカール大帝賞が与えられた。当時ドイツ外相兼副首相であったハンス・ディートリヒ・ゲンシャーは、この授賞式の祝辞で、ドイツ統一を契機に外交的努力を通じて欧州統合に尽力することこそ統一ドイツの使命であると述べ、その際、「われわれはヨーロッパ的ドイツを欲するのであり、ド

イツ的ヨーロッパを欲するのではない」というトーマス・マンの言葉を引用した。

＊4　四月二三日のギリシャからの支援要請をうけて、ユーロ加盟国は財務相会議と首脳会議を開催した。交渉の場でメルケルは、五月九日に控えたノルトライン・ヴェストファーレン州議会選挙への影響を考慮して、ユーロ救済措置に難色を示した。交渉の間もユーロは下落し続け、世界的な株価下落を招くことになった。メルケルは最終的に妥協し、欧州金融安定化ファシリティー（ＥＦＳＦ）設立が合意された。

＊5　支持している党のプログラムならあまり賛成でない件まで賛成せざるを得ない一括チケットとなる、というアメリカ大統領選挙に由来する表現。ここではブリュッセルからの政策セット。

＊6　ＣＳＵ（キリスト教社会同盟）のホープと目され国防相を務めていたカール・テオドール・ツー・グッテンベルクは、博士論文の剽窃が明らかになったことを契機に辞任した。

＊7　イタリアで長く首相を務めたベルルスコーニは、企業家として多くのメディアを傘下に置き、政治的に利用した。

＊8　牧師であり旧東ドイツの反体制市民活動家であったヨアヒム・ガウクは、統一後、旧東ドイツ秘密警察の情報公開に尽力し、テレビ司会者等を経て、二〇一二年から二〇一七年まで大統領を務めた。

＊9　ＣＤＵの政治家ハイナー・ガイスラーは二〇一〇年から二〇一一年にかけて、シュトゥットガルト中央駅再開発計画（シュトゥットガルト21）をめぐり激化していた市民と当局の対立の調停役を努め、関係者を交渉の席に着かせることに成功した。一九九〇年代に発表された同計画については、たびたび上方修正される巨額な費用や周辺環境の破壊を理由に、計画廃止を求める市民デモが二〇〇七年から続き、二〇一〇年には市民多数が警察と衝突して負傷する事態にまで至った。その後、ガイスラーの調停とバーデン・ヴュルテンベルク州議会選挙をへて、二〇一一年一一月に計画廃止を問う州の住民投票が行われたが、廃止を求める声は過半数に達せず、計画は現在（二〇一九年）も続行されている。

訳者あとがき

本書は Jürgen Habermas, *Zur Verfassung Europas, Ein Essay.* Suhrkamp Verlag, Berlin 2011 の翻訳である。タイトルは本書のメイン論文である「国際法の憲法化の光に照らしてみたＥＵの危機——ヨーロッパ憲法論」からとられている。

ユーロ圏の一部における経済の悪化に由来する債務危機、多くの国々における空疎なナショナリズムの勃興などをみていると、第二次大戦の教訓から始まったヨーロッパというプロジェクトを、単なる経済同盟以上の超国家的な（スプラナショナルな）政治組織に組み上げるという望みは瓦解しつつあるかに見える。特にブリュッセル中心の「民主主義の欠如」が論じられる——実際には、小生の知るところでは、ブリュッセルのＥＵ本部の職員は、ドイツのケルンの市役所の職員よりも数が少ないのだが、反ヨーロッパの動きの中でモンスター・ブリュッセルなどと言われている。

著者のハーバーマスは、こうした分解傾向に対して、ＥＵのような複雑な組織にあっても、「民主主義の欠如」を正し、トランスナショナルな公共圏における意見形成に依拠した意思決定は可能であることを示そうとする。そのためにヨーロッパ全体にまたがる憲法化が必要である、つまり単なる国際条約を超えた憲法制度が必要であることを力説する。その枠組みでは一人一人の市民がそれぞれの属する国家の一員であると同時に、直接的にＥＵの市民でもあるという二重の役割において自分を見れるような制度化が必要である。つまり、加盟国の国家組織を通じて間接的にＥＵに参加するとともに、他方では、ヨーロッパ議会に代表を送る市民としていわば直接的に、ちょうど我々が国政選挙を通じて国家に関わるように、ＥＵに参加することができなければならない。そのためには、今はまだ権能の弱いヨーロッパ議会の強化が必要であるとも説く。

またこうした政治組織としてのＥＵはアメリカ型の連邦制度やドイツ連邦共和国の州制度とも根本的に異なることも力説される。個々の加盟国は、自ら人権を擁護する組織としてこれまでの主権を内政においては維持できる。この点で多くの誤解がある。むしろ、ＥＵの権能も実行するのは個々の国家なのである。

こうした憲法化によってはじめて、人権の擁護を基礎とした憲政に依拠しながら、トランスナショナルな市民の論争からＥＵの政治が可能となる、というのだ。こうした憲法化が国家暴力も含めて、全体としての文明化、つまり暴力を用いない（もちろん、暴力装置の使用は留保されているが）問題解決の道に通じる。そしてそれこそは、かつて暴力によって世界を支配したヨーロッパが自己の問題的な過去を顧慮しながら、世界全体に人権と社会正義に依拠した政治を広げていく手段である、とされる。つまり、世界の中でその地位が落ちてきたヨーロッパが新たなヘゲモニーを模索するのではなく、ヘゲモニー志向そのものが減少するような世界全体の憲法化という道の模索でもある。

だが、そのためにはまずはヨーロッパが、こうした方向の先鞭をつけねばならない。しかし、現実のヨーロッパ、特にユーロ圏は、共通通貨こそあれ、それを共同で運用する共通の財政政策と税制、共通の金融政策、そして何よりも社会政策が欠如している。これでは歴史的な理由にもよるユーロ圏内の経済格差はますます広がるばかりで、ネオリベラリズムの跳梁もあって、ナショナリズムがはびこるだけだ。まずはこうした政策分野でのすり合わせが起きねばならないが、各国首脳は次の選挙を心配するばかりで、ヨーロッパ全体での富の再分配には尻込みするばかりだ。こうした状況への憂慮が補遺に掲載されている、そのつどの危機に応じての三つの態度表明である。

また、人権と人間の尊厳という二つの概念の内在的関連を概念の歴史的発展の側面及び体系的な内在的側面から分析した巻頭論文も、こうしたヨーロッパ論の基礎として重要である。

翻訳は「序文」および冒頭の「人間の尊厳という コンセプトおよび人権という現実的なユート

ピア」および補遺の第三論文「Ⅲ　ユーロプラス協定はヨーロッパを救うか、壊すか？」は速水淑子が、残りは三島憲一が行なったが、あくまでたたき台の担当であって、両者で翻訳を交換して全面的に検討しあった。思いがけない見過ごしや間違いの除去に役立ったが、それでもまだ不十分な箇所は多々あるかもしれない。読者のご指摘をこわごわながら、待ちたい。

なお、本書に収録されている「破綻のあとで」と「ヨーロッパ連合の運命はユーロで決まる」は、ハーバーマスが本書に再録（後者は改題もされた）する前の、初出版からの翻訳があり（邦訳初出については本書の「初出一覧」を参照）、三島憲一編訳『デモクラシーか資本主義か――危機のなかのヨーロッパ』にも収録され、岩波現代文庫として岩波書店から近々刊行される。したがって以上の二本の論については、結果として同時期に二つの本に邦訳が掲載・出版されることになった。読者にはご了承いただきたい。

三島憲一

二〇一九年四月

《叢書・ウニベルシタス　1097》
ヨーロッパ憲法論

2019年7月16日　初版第1刷発行

ユルゲン・ハーバーマス
三島憲一／速水淑子 訳
発行所　一般財団法人　法政大学出版局
〒102-0071 東京都千代田区富士見 2-17-1
電話03(5214)5540 振替00160-6-95814
組版：HUP　印刷：ディグテクノプリント　製本：積信堂

Printed in Japan

ISBN978-4-588-01097-2

著　者

ユルゲン・ハーバーマス（Jürgen Habermas）

1929年ドイツのデュッセルドルフ生まれ。ゲッティンゲン、チューリヒ、ボンの各大学でドイツ文学、心理学、社会学、哲学を修め、56年フランクフルト社会研究所のアドルノの助手となり、フランクフルト学派第二世代としての歩みを始める。61年『公共性の構造転換』で教授資格を取得し、ハイデルベルク大学教授となる。64年フランクフルト大学教授、71年マックス・プランク研究所所長を歴任、82年以降はフランクフルト大学に戻り、ホルクハイマー記念講座教授を務め、94年退官。60年代末のガダマーらとの解釈学論争、ルーマンとの社会システム論争、さらに『コミュニケーション的行為の理論』をはじめとする精力的な仕事、歴史家論争以降の多方面にわたる社会的・政治的発言を通じて、ドイツ思想界をリードし、国際的にも大きな影響を与えてきた。2004年11月に「京都賞」を受賞。邦訳された主な著書に、『討議倫理』、『他者の受容』、『人間の将来とバイオエシックス』、『引き裂かれた西洋』、『自然主義と宗教の間』、『真理と正当化』（以上、小局刊）などがある。

訳　者

三島憲一（みしま・けんいち）

1942年生まれ。大阪大学名誉教授。専攻：社会哲学・ドイツ思想史。著書：『ベンヤミン——破壊・収集・記憶』、『ニーチェかく語りき』（以上、岩波現代文庫）、訳書：ハーバーマス『人間の将来とバイオエシックス』（法政大学出版局）、レーヴィット『ヘーゲルからニーチェへ——十九世紀思想における革命的断絶（上下）』（岩波文庫）など。

速水淑子（はやみ・よしこ）

1979年生まれ。横浜市立大学准教授。専攻：政治思想史・ドイツ文学。著書：『トーマス・マンの政治思想——失われた市民を求めて』（創文社）、論文：Fehlgeleitete Rache. Erinnerung an Gewalt in Günter Grass' *Im Krebsgang* und Heinrich von Kleists *Penthesilea*, in: *Erinnerungsliteratur nach 1945*. SrJGG Nr.132; Erzählen oder Schweigen? : Thomas Mann und Theodor W. Adorno zum *Doktor Faustus*, in: *Neue Beiträge zur Germanistik* Nr.153, 共訳書：タック『戦争と平和の権利——政治思想と国際秩序、グロティウスからカントまで』（風行社）など。